走进先贤普及读本编委成员

(按姓氏笔画排序)

编委会主任： 万伯翱

编委会副主任： 石　英　施　晗　魏光洁

委　　　员： 王　伟　王　芳　石　英
　　　　　　　龙　妍　李桂娟　刘　斌
　　　　　　　刘巧巧　亦　农　陈晓燕
　　　　　　　施　晗　高　杰　管　梅
　　　　　　　魏光洁

走进先贤普及读本

大道独行
王安石

李桂娟 编著

中国社会出版社
国家一级出版社 ★ 全国百佳图书出版单位

图书在版编目（CIP）数据

大道独行王安石 / 李桂娟编著 . — 北京：
中国社会出版社，2012.1（2022.6重印）
（走进先贤普及读本）
ISBN 978-7-5087-3738-6

Ⅰ. ①大… Ⅱ. ①李… Ⅲ. ①王安石（1021~1086）—
生平事迹—通俗读物 Ⅳ. ① K827-441

中国版本图书馆 CIP 数据核字（2011）第 229350 号

出 版 人：浦善新	终 审 人：张铁纲
责任编辑：魏光洁	助理编辑：刘海飞
责任校对：马潇潇	封面设计：天之赋设计室

出版发行：中国社会出版社　　　　地　　址：北京市西城区二龙路甲 33 号
邮政编码：100032　　　　　　　　编 辑 部：(010)58124851
网　　址：shcbs.mca.gov.cn　　　发 行 部：(010)58124868
经　　销：新华书店

印刷装订：北京华创印务有限公司　　开　　本：155 mm×225 mm　1/16
印　　张：11　　　　　　　　　　　字　　数：116 千字
版　　次：2012 年 1 月第 1 版　　　印　　次：2022 年 6 月第 3 次印刷
定　　价：39.80 元

中国社会出版社微信公众号

中国社会出版社天猫旗舰店

目录

引言　王安石其人　001

第一章　天才少年

- 獾郎出世　001
- 小小神童　003
- 寻生花笔　006
- 戏牒『土地』　010
- 伤仲永　014
- 矫世之志　017
- 慈父仙逝　020

第二章　仕途之路

- 进士及第　026
- 政绩卓著　030
- 喜得贵子　035
- 屡辞征召　038
- 上万言书　042
- 判『斗鹑案』　046

第三章　变法奇人

- 神宗即位　049
- 越次入对　053
- 争议重重　057
- 千古革新　061
- 『三不足』论　066
- 千人围府　071
- 『流民图』谏　075
- 痛失爱子　081

第四章 文坛领袖

- 王安石的文章 087
- 王安石的词 096
- 王安石的诗 102

第五章 君子如兰

- 义救苏轼 108
- 改诗趣话 112
- 特立独行 117
- 不拘小节 122
- 雅好读书 126
- 荆公拒妾 129
- 事亲至孝 134
- 清官廉吏 140

第六章 晚年生活

- 黯然辞世 147
- 永乐兵败 154
- 息影山林 158

王安石其人

王安石（公元1021年1月18日—公元1086年5月21日），汉族，江西临川人（今江西省东乡县上池村人）。字介甫，号半山，小字獾郎。封荆国公，逝世后追谥"文"。世称临川先生，又称王荆公、王文公。官至宰相，主张改革变法。北宋杰出的政治家、思想家、文学家、改革家，与韩愈、柳宗元、欧阳修、苏洵、苏轼、苏辙、曾巩，并称"唐宋八大家"。有《王临川集》《临川集拾遗》等存世。

宋真宗天禧五年（公元1021年），王安石出生在江西临川的一个小官吏之家。父亲王益，字损之，进士出身，一生在南北各地做了几任州县官，卒于江宁府（今江苏南京）通判任上。王安石小时候聪明伶俐，喜爱读书，过目不忘。少年时受到较好的教育。在父亲做官期间，王安石跟随父亲走了很多的地方，增加了社会阅历，开阔了眼界。他目睹了人民生活的艰辛，对宋王朝国力衰弱的局面有了一定的感性认识。他很同情百姓的艰难困苦，希望有朝一日能够通过自己的努力改变现状，使国家富裕，国力强大，人民安居乐业。所以，青年时期的王安石便立下了"矫世变俗"的志向。

在王安石16岁的时候，父亲被调到京城做官，王安石也随父亲来到了汴京。宋仁宗庆历二年（公元1042年）考中进士，先后任淮南判官、鄞县知县、舒州通判、常州知州、提点江东刑狱等地方的官吏，前后做了20多年的地方官，政声卓著。在这期间，当时很多有名望的人，如范仲淹、富弼等，都向朝廷推荐王安石，称赞他的人品、学识、才干，认为他可以有一番大作为。仁宗皇帝也多次下诏请王安石回朝做官，但他都推辞了。

嘉祐三年（公元1058年），王安石向皇帝上万言书，提出变法主张，要求改变"积贫积弱"的局面，推行富国强兵的政策。但是没有引起仁宗皇帝的重视。

嘉祐四年，提点江东刑狱。五年，被召回京做了三司度支判官。嘉祐六年，王安石41岁，被授予知制诰，共做知制诰3年。宋英宗治平元年（公元1064年），在他44岁时母亲吴夫人去世，王安石辞去官职，在江宁为母亲守丧3年。

到了治平四年正月，宋英宗驾崩，神宗继位。三月起用王安石做了江宁府的知府。九月，授予翰林学士。第二年，也就是熙宁元年（公元1068年），王安石48岁，四月，以翰林学士的身份破格进朝应对皇上问话。熙宁二年二月，皇上让他参知政事。四年，任同中书门下平章事。七年，因保守派的反对被罢去丞相之职。六月，以观文殿学士的身份任江宁府知府。八年二月，又召回朝任同中书门下平章事。六月，授予尚书左仆射兼门下侍郎。九年十月辞官，以使相的身份做江宁府通判，这年王安石57岁。自此以后就称病不再出来。自熙宁元年入朝到罢相，执政共9年。

元丰元年（公元1078年），王安石58岁，特授开府仪同三司，封舒国公，领集禧观使。三年，授特进，改封荆国公。八年三月，神宗崩，宣仁太后临朝，进封王安石为司空。第二年，即元祐元年，四月，王安石因病去世，年66岁。赠太傅称号。王安石被罢相后在江宁共9年，绍圣年间赠谥号文公。

王安石在文学上具有突出成就，一生写了不少深刻反映人民疾苦和社会问题的作品，给后人留下1540多首诗歌，800多篇散文的丰富文化遗产。其诗"学杜得其瘦硬"，擅长于说理与修辞，善于用典故，有的风格遒劲有力，精辟精绝，有的风格雄健峭拔，修辞凝练，也有的情韵深婉，对后来宋诗的发展有很大影响。他的词、散文、理论著作等也都有自己独特的见解和风格。

在中国的历史上，王安石是一个特殊的存在。在他入朝为相之前，不管是文人墨客还是帝王将相都对他备加推崇。认为其天降奇才，有经天纬地之能。但是，王安石当了宰相之后，推行以富国强兵为目的的变革，以司马光为首的保守派又对他大加贬斥，"朋党之争"愈演愈烈。变法过程中遇到重重阻挠，致使王安石两度罢相，最终归隐山林。在王安石去世后，关于他的争论历经千年，依然不曾停息。反对他的人把他视为乱臣贼子，甚至把宋朝灭亡的账都算到他的头上；赞成他的人又把他当做三代（夏、商、周）以下为数不多的完人。有趣的是，在政治上与他水火不相容的政敌，如司马光、苏轼等，却对他的才学德行心悦诚服。如此集盛赞与骂名于一身，王安石恐怕是中国历史上的第一人。他就是一个时代的异数，特立独行，不管别人骂也好，赞也好，只坚定心中信念，昂首阔步独自行走在历史的时空里。

这样一个备受争议的人，他的生平必然演绎出无数的传奇故事来。我们整理王安石的资料，编成这本书，以故事的形式来展示王安石不平凡的一生。无论功过是非，斯人已逝，后人只能仰望他渐渐远去的孤单身影，从故事中去感受他的风采。

第一章
天 才 少 年

獾郎出世

中华民族是一个以神话传说承载历史文明的国度。古人认为,自从混沌初分,盘古开天辟地,才有了日月星辰,山川河岳,鸟兽鱼虫。后来女娲造人,人类才开始出现。然而,人在初临世界之时,是单薄的、脆弱的,于是,就有了星宿下凡来帮助人类。古时候,每一个才能出众的人都被赋予神的色彩,如天子、文曲星、武曲星等等。那么,王安石的出生又有着怎样的与众不同呢?

公元1021年,王安石出生在临川一个小官吏之家。他的父亲名叫王益,曾经做过临江的军判官。母亲姓吴。王安石的小名被叫做獾郎,说起来,这里面还有一段具有神话色彩的故事呢。

大道独行 王安石

在王安石出生之前，人们在集市上发现有一只獾出没。于是就去问一个道士。这个道士常常在头上戴着一朵花，据说有很深的道行，能够知晓过去和未来。人们都很相信他，把他称做"戴花道人"。有人见到他，就把在集市看到的事情告诉他，问他："獾都是很怕人的，而且常常只在山林中出没，昼伏夜出。为什么现在这只獾却跑到大街上来，一点也不怕人呢？这是什么缘故呢？"这个道士却不说话，而是来到了王益家。

这时候王益家正是一团忙乱，因为王益的妻子吴夫人就要生了。王益正在焦急地等待着，忽然发现有一只獾从外面进来，正要开口叫人，獾却忽然不见了踪影。王益觉得非常奇怪，不知道是怎么回事。正在这时，家人过来禀报说，门外有一个头上戴花的道士求见。王益正想解开心中疑惑，于是就让家人把道士请进客厅，把刚才的所见告诉道士。戴花道士说："你不要觉得奇怪。我已经算出来了，这獾正应在你家将要出世的小公子身上。这是吉兆，是文字的祥瑞。预示着你家的这个孩子将来在文学上会有很高的成就，闻名天下。等到他执掌朝政的时候，我和他还会有一面之缘。"王益听到道士的话，知道自己的孩子将来前程远大，非常高兴。于是把这件事记录下来。

两人正说着，听到内房传来婴儿响亮的啼哭声，丫鬟过来禀报说夫人生了，是位小公子。王益喜出望外，拜谢戴花道人后，兴冲冲去看自己的新生儿子，吴夫人让他给儿子取个名字，王益根据道士的预言，说："这孩子出生时有獾仙出现，小名就叫獾郎吧！希望他真能如那道士所说，将来做出一番成就来。"

据传说，这个小孩儿就是后来的王安石。他的不平凡的出生开启了他不平凡的一生。王安石后来和唐朝的韩愈、柳宗元，宋朝的欧阳修、曾巩、苏轼、苏洵、苏辙一起被尊为"唐宋八大家"，文学修养非常高，而且做官做到宰相，为大宋朝带来了一次以富国强兵为目的的全国性的革新运动，也就是历史上著名的"王安石变法"。

小小神童

在古代，小小年纪就具有很高的聪明才智，往往连大人都自叹不如的孩子就被称做神童。像不食树边李子的王戎、称象的曹冲、让梨的孔融、咏鹅的骆宾王、树洞取球的文彦博、砸缸救人的司马光等等，他们所留下的故事至今依然被人传唱。王安石小时候又有哪些被人津津乐道的故事呢？

小时候的獾郎就已经表现出异于常人的聪慧，被人称做小神童。有一个"王安石智胜厨师"的故事很能说明他的智慧。

王安石小的时候，到了上学的年纪，就被送去学堂读书。在去学堂的路上，有一家面馆，王安石每天都要经过，也常常去这家面馆吃面。面馆的老板和伙计都和他很熟悉了。也常常听人说起这个小孩儿很聪明。于是，面馆的老板和伙计就商量着要给他出个难题来考考他，看看他是不是真的像人家说的那么聪明。

大道独行 王安石

这一天,王安石照例又来到这家面馆吃面。对伙计交代了以后,就找了个位置坐下来等着。可是他等呀等呀,已经过去了很长时间,发现自己肚子已经饿得咕咕叫了,怎么面还没有做好呀?再看看周围,不对呀!那几个人明明比自己来得晚,怎么却已经吃上了?于是,便问伙计:"小二哥,我的面做好了吗?"跑堂的伙计答应一声,说:"你先等着,我去给你看看。"不一会儿,伙计出来了,可是手里却只拿了一双筷子,递给王安石说:"小朋友,你的面已经做好了。可是我端不过来,大师傅说要你自己去端呢。"王安石接过筷子,来到厨房。做饭的大师傅见到他,笑眯眯地指着灶上一碗满得要溢出来的肉丝面说:"小娃娃,这是我特意为你煮的。味道非常鲜美,而且还放了很多肉。不过,你要自己把它端走,而且不能够把面汤洒出来。如果你能做到,这碗面就算免费送你了。不要钱。如果你做不到,今天可就吃不到面了哦。"

王安石一听,心里就明白了,原来老板和伙计是成心要为难他呢!可是,他才不怕呢!眼珠一转,早有了主意,却对做饭的大师傅说:"你说的话算数吗?要是老板不承认,怎么办?"大师傅说:"你放心吧,老板已经交代过了,这么大一家面馆还欺骗你一个小孩子不成?"

王安石说道:"这样就好!您看好了!"一边说,一边走到面碗前,只见他并没有用两只手都去端碗,而是一手拿筷子挑起碗里的面,这样面汤一下子落下去了一半,再端起来当然不会溢出来了。王安石一手拿筷子挑着面一手端着碗,回到座位上坐下,美美地吃了起来。面馆里的人都伸出大拇指称赞他:这孩子真是聪明啊!简直就是神童!

小王安石被人称赞，他的父亲王益听到后自然非常高兴。可是王益也很有童心，他想亲自试试自己的儿子。这一天，王益坐在屋内，令人把王安石叫到跟前，对他说："大家都说你很聪明。可是我没有看出来，不相信。今天我就要试试你。我坐在屋里，如果你能够把我叫出屋，我就认可你的聪明了。"

王安石就走出屋去，用了好几种方法请父亲出屋，可是王益就是不为所动。王安石走回屋，对父亲说："爹爹，要把您诳出屋去，实在是太难了！但是如果您站在外面，我就有办法把您叫到屋里来。"王益笑道："还不服气呀？我就依你，看你如何把我叫到屋里来。"说着，便走出屋去。正要让王安石展示他的才智，却听王安石笑吟吟地说："爹爹，我已经把您诳出屋了！我赢了！"王益一听，这才反应过来，哈哈大笑起来！自己的儿子是真的聪明啊，连他都被骗了！

可是王益还不死心，还要再试试他。于是说："算你把我请出来了。但是你刚才说，如果我到外面，你还能把我骗进屋去。我倒要看看你是不是真有这本事。"王安石说道："好！不过爹爹，我要先去一趟茅房。您先等一会儿，让我想出办法来。"王益答应了，王安石就跑了出去。可是王益等了很久也不见王安石回来，正在不耐烦，王安石的母亲从外面进来了，见他站在院子里，就问他："这天都要下雨了，你为何还站在院中？"王益对她说了和王安石打赌的事。王安石的母亲笑道："你说那孩子呀，他正在外面玩得高兴呢，兴许早把这事给忘记了。他只是一个小孩子，你和他较什么真？"王益一听，也是，毕竟是小孩子，一时想不出办法，又见到好玩的，玩起来就忘记了打赌的事也说不定。见夫人

催促,也就进屋了。谁想刚踏入屋内,王安石已经从外面跑进来,笑道:"爹爹,你又输了!是我请母亲过来帮忙的!嘿嘿……"

王益一下子明白了:"啊!原来你们两个合伙来骗我啊!"一家人都笑起来。

寻生花笔

根据五代时著名的文学家王仁裕在《开元天宝遗事》中的记载,唐朝大诗人李白在少年时,曾经在睡梦中梦见自己所用的毛笔头上长出花来。醒来后,再写文章便觉得文思泉涌,从此名动天下。此后,"妙笔生花"就用来形容一个人笔法高超,文采出众。

笔,是古人交流沟通的重要工具。古时候不像现在有电脑,有电话,最快的交通工具也只是马。所以,人们要想了解什么事情,除了口头的传闻,就只能依靠文字。国家、官府和百姓之间的沟通需要圣旨、奏折、公文、告示等等,文人墨客要把自己的才华展现出去,同样需要付诸笔端。人常说,字如其人,文如其人。看到一个人写的文字,就可以从中了解这个人的思想抱负、才学品性。好的写作工具,可以让人心情愉悦,更好地表达出自己的思想感情。所以,古人对于成就文字的工具,也就是所说的"文房四宝"——笔、墨、纸、砚都有着特殊的情结。拥有一支能够写出令人拍案叫绝的文章的笔，是古人渴望才华横溢的体现。

　　关于笔的传说，在南北朝时期就已经出现了。当时，有一位名叫纪少瑜的读书人，相传他少年时，才华并不出众。但是他很刻苦努力，他的诚心感动了文神。有一天晚上，纪少瑜读书又到了深夜，不知不觉伏在书桌上睡着了。在梦中梦见当时的著名文人陆倕，拿着一支青镂管的毛笔送给他，说："我以此笔犹可用，卿自择其善者。"意思是说我这支笔还有些用处，送给你了，你要好自为之。少瑜醒来后，再拿笔写文章，便觉得下笔犹有神助，其文因此遒进。后来成为南朝有名的文人。

　　这是一个得到神笔的故事，还有一个得到又失去神笔的故事，也发生在南北朝时期，就是有名的"江郎才尽"的传说。历仕南朝宋、齐、梁三代的江淹年轻时就很有才华，是当时的辞赋和骈文大家，与鲍照等人齐名，诗词中亦不乏精品。传说在他被贬到浦城当县令时，梦到一位神人赠他一支散发着五彩光芒的神笔，即"梦笔生花"。江淹很多著名的作品就写成于被贬之时。但江淹中年以后，由于官运亨通，更多的时间花费在了政务上，文笔就大不如前了。有一天江淹在梦中见到一个自称是晋朝文学家郭璞的人对他说："我有一支笔在你那里已经很久了，现在该还给我了。"江淹就从怀中掏出一支五色笔给他。从此以后，江淹再写文章就没有什么惊世之作了，当时的人都称为"江郎才尽"。

　　这些到底只是传说，还是真有此事呢？世上真的有生花妙笔吗？宜黄芗林寺鹿岗书院里，一个少年正拿着一本书，怔怔地看着前方想得出神。这个少年就是王安石。

　　宋仁宗明道二年（公元1033年），王安石的祖父王用之

大道独行 王安石

在临川去世,王安石随着父亲回到老家奔丧,为祖父守丧。在这期间,王安石听说宜黄县有一个名为"拏云馆"的书院,也就是芗林寺鹿岗书院,先生杜子野是一位有名的贤士隐儒,博学多才。一心向学的安石便挑着书箱行李,从临川来到宜黄,向杜先生求学问道。先生非常喜欢这个聪明伶俐而又勤奋好学的孩子。虽然安石年纪小,但是杜先生却能和他一起欣赏精妙的文章,探究有疑点的地方,朝夕不倦。

这天,王安石一个人躲在房内认真地看书。当他读到王仁裕关于李白妙笔生花的故事时,不禁心生向往:若是自己也能有一支这样的神笔该有多好啊!可以拿它来著书立说,为百姓谋利,为国家造福,一展平生抱负……

可是,要怎样才能得到这样的一支神笔呢?小安石苦思冥想,却毫无头绪。忽然,一拍脑袋,自责道:"呀!我真是糊涂了!自己如何能够想得出来?现在先生在这里,为何不去请教他呢!"

想着,安石就站起身来,拿着书来见杜先生。行过礼,向先生请教道:"先生,这世上真的有生花之笔吗?"

杜子野听他问话,又看看他手中拿的书,已经知道事情的原委了。心中暗想,这孩子毕竟年幼,难免有些急于求成之心。可是,凡事欲速则不达,一切还要靠勤奋刻苦,踏踏实实地一点一滴积累啊!这孩子天资聪慧,若教育得法,将来必成大器,我该好好地引导他才对。

想到这里,杜先生很认真地对小安石说:"孩子,前人是不会骗我们的。这世上确实有生花之笔。只是有的笔笔头可以长出花,有的笔长不出来,凡人的肉眼很难分辨啊!"

王安石见先生如此肯定,心中高兴,问道:"那么,先生能否送我一支生花笔呢?"

杜先生把能找到的几乎所有的笔都拿出来了,足足一大捆,对安石说:"这里有999支毛笔。其中一支就是生花笔。但是时间久了,都混在一起了,连我也分辨不出来哪支才是了。你自己去找吧。"

小安石一见这么多笔,有点傻眼了,自己也看不出来啊,该如何找呢?于是再次向先生施礼:"学生眼浅,请先生指教。"

杜先生假作沉思片刻,说道:"如今只有一个办法。那就是你一支一支地去试。写秃了一支再换下一支。这样坚持下去,定能找到那支生花笔。除此之外,就再没有别的办法了。"

安石听了先生的话,从此更加勤学苦练,一心想要找出那支神笔。日子一天天过去了,这天,安石又写秃了一支笔。数一数,已经写秃了整整500支了,可是看看自己写的文章,感觉还是不满意,不禁有些泄气了。到底什么时候才能找到那支笔呢?

情绪有些低落的安石又找到了杜子野先生:"先生,我怎么还没有找到那支生花笔呢?"

杜先生没有说话,只是提起笔,写下"锲而不舍"四个大字送给安石。

安石得了先生的教诲,心中不再疑惑,常常用这四个字来鼓励自己。渐渐地,他心中已经不再想着找生花笔的事了,而是被书中广博的知识深深吸引,孜孜不倦地从中汲取能量。一天深夜,王安石读书读到动情处,有感而发,挥笔写下一篇颇有见地的《策论》,只觉下笔如行云流水,一气

呵成。写成后，王安石细细品味，甚合心意。看着手中的笔，忽然心中感悟，不禁高兴地跳起来，喊道："找到了！我找到生花笔了！"

小安石终于明白了杜先生的良苦用心。世上本无所谓生不生花的神笔，所有人的才能都是通过辛勤的付出获得的。若想有所成就，就必须付出比常人更多的努力，锲而不舍，这才是妙笔生花的根本啊！明白了这个道理，王安石更加勤奋好学了。

戏牒"土地"

"民以食为天"，而这"食"来自土地，所以，土地对人的重要性不言而喻。为了使土地能够生产出更多的粮食，人们对土地的膜拜衍生出了土地神的传说。古人认为，每一个地方都有一位土地神在掌管，拜求他可以获得丰收和财富。土地神又被称为财神、福神、土地公等，民间多称呼"土地爷"，时至今日，依然被广泛信奉。但是，土地神也并不总是有求必应的……

在王安石跟随杜子野先生读书的第二年，宜黄地区大旱，长时间不下雨，土地干裂，地里的庄稼叶子焦黄，眼看就要旱死了。农民们每天早上起来，看到初升的太阳，只是叹气。天气晴朗，心中却满是愁云，若再不下雨，半年的辛苦劳作就全都成了泡影。还指望收了庄稼，给孩子们改善一下生活，再买几尺布做两件过节的新衣……可若是庄稼都旱死了，不只这些美好的愿望无法实现，就是一家人的生活都无法维持下去了！

无计可施的农民不甘心坐以待毙，只好把全部的希望寄托在了土地神身上。王安石就读的鹿岗书院"挐云馆"原本设在香林寺内。距书院不远，便是供奉土地神的祠堂。农民们从四面八方赶来，烧香拜佛，祈求土地神显灵，降下解救灾情的甘霖。可是好几天过去了，虽然每天拜神的人络绎不绝，天气却依然炙热，没有丝毫下雨的迹象。

小安石把农民的虔诚和焦灼无助都看在眼里，不禁对土地神产生了怨愤：受了这么多百姓的跪拜和香火，却不帮助百姓渡过难关，这土地神真是大骗子！要想办法替百姓出口气才行。这么想着，小安石就琢磨起法子来了。正好，看到同学们在松树林里捡松针玩，于是就有了主意。松针首尾相接，把针尖套在尾端鞘上，便是一个圈，圈与圈相套，便连成了链状。书院没有别的工具，只好拿这松针做条锁链锁着土地神，小小地教训他一顿。说干就干，同学们得知后，也都来帮忙，不一会儿，就连成了长长的一条松针链。等香客们都离开了，小安石和伙伴们来到祠堂，把松针链紧紧绕在土地神的脖子上："锁你这个只骗人香火却不管民的骗子神！"看着土地神狼狈又滑稽的样子，安石才觉得解气。

晚上，小安石自觉替百姓出了气，开心地进入了梦乡。可是先生杜子野却睡不安稳了，土地神向杜先生托梦，诉说顽童王安石用锁链把他锁得透不过气来，责怪先生管教不严。杜先生从梦中醒来，梦境清晰，不由得心生疑惑。一大清早起来，来到土地神的塑像前一看，果然见到土地神神像

的脖子上缠着一圈又一圈松针连成的链子。先生见状，只觉好笑，土地神不是被这一条松针链锁住了吧？不过，安石也太调皮了，若是香客来了见到，只怕会认为唐突神灵了。于是，把王安石叫来，问明情况，知他是为百姓不忿，倒也不忍多加责备，只让他把松针链取下来。

小安石见先生发话，不敢不听从，乖乖地把链子取了下来，可是心中还是不服气。心想，挂松针链太明显了，先生和香客一看就知，要想别的法子再治治这可恶的土地神。小安石回到屋里，还在想着这件事情，忽然看到桌上的纸笔，不由得眼睛一亮。那和尚道士常会念咒画符作法，自己不如也画张纸牒控诉控诉土地神。于是，拿起笔，在纸上写下几行字：

土地公公土地神，受民香火不管民。

锁链扣你不解恨，画张法牒牒到你。

写完，把纸压到土地神的神像下面。压好后，冲土地神像一挑眉："哼！叫你不为百姓做主！看我不把你牒倒！"

当天晚上，杜先生又梦到了土地神。此时的土地神真是万分狼狈，浑身发抖，直冒冷汗，向杜先生求情道："求先生快来救我，我被你那学生王安石用法牒镇住，快要禁受不住了。求先生把我座下的法牒拿开……"先生在梦中问道："你乃一方神灵，为何竟能被一个小小顽童制住？"土地神无奈道："先生有所不知，那王安石不是一般人啊！他日后将是大宋朝一人之下、万人之上的栋梁之才，我惹不起啊！"

杜先生还待问话，那土地神已经消失了。先生从梦中惊醒，再难入睡，只好起来去看看。点亮灯，看看神像座下，果然发现一张纸，正是王安石所写，那土地神所说的"法牒"。先生看罢那纸上的字，不以为意，就着灯把纸点燃烧掉了。烧完后，转身出来，还未跨出门，只听身后扑通一声，把先生吓了一跳。回头一看，土地神像好好地竟然从座上一头栽了下来。先生只觉周身直冒冷气，不敢停留，跌跌撞撞奔回自己房内，关好门，躲在被窝里。迷迷糊糊间，只见土地神怒气冲冲地质问道："我只求你把那法牒拿走，你为何竟把它烧掉？如今一烧，诉状立即上达天庭，我必然难逃重罚，连塑像也毁了，没了立身之处，这仇我日后必报！"

杜先生一连几天都心神不宁，深恐土地神降罪。可好久也不见动静，慢慢地也就把这件事情忘记了。直到熙宁年间，王安石入朝，把杜先生也接去京城。因为帮助王安石解决了倭使"瓜有几子"的难题，受到宋神宗接见。当时，神宗正在问大臣如何取得象胆，先生听到后，欲回答，却忽然说不出话来，只能拿手比画。神宗奇怪，问他为何不说话，杜先生只能摇头。还好王安石以先生乡野之人，初见圣颜，过于激动为由应对过去，神宗才没有怪罪。给他赐了座后，接着问象胆之事，杜先生比比画画，向王安石要来了纸笔，写下"若要取象胆，午时脚跟寻"。神宗依言，命人在午时于象脚跟处取象胆，果然得到了，神宗大喜，称赞杜先生博学多识，但是因为面圣不能以言语自如应对，只封了他一个"特奏名"进士。

退朝后，杜先生在王安石陪同下出了金殿，还未等王安石开口问，杜先生却突然说出话来了："安石呀！学生穿蟒袍，先生尚布衣。人是拗不过神的，看来这都是命呀！"据说，杜子野之所以在神宗面前说不出话来，没有受到神宗重用，正是因为土地神当时施法报前仇的缘故。

大道独行 王安石

古人信鬼神,烧香拜佛,虽不见得人人都过上好日子,到底是个精神寄托。今人推崇"无神论",却依然有许多人供奉神佛,也是个精神寄托的缘故。事实上,有也好,没有也好,信也好,不信也好,做人总是要堂堂正正的。勤奋刻苦、努力上进,自助者天助之。正直无私、铁骨铮铮,便是有鬼神也要退避三舍了。

伤仲永

有的人天资聪慧,有的人天生愚钝。这不是人所能决定的,人只有在有知有觉的生命过程中才有能力选择是听天由命还是通过自己改变命运。那么,一个人最终的成就是取决于天分还是依靠后天的努力呢?如果一个人天分好,是不是以后不努力也可以有一番作为?如果一个人天分不好,是不是再怎么努力也不会出人头地?

王安石的母亲吴氏,家在金溪柘冈。在王安石舅舅家所在的村子里有一个名叫方仲永的孩子,只比王安石小1岁。仲永家祖上世代为农民,没有出过读书做官的人。在仲永长到5岁之前,连书写的工具都没有见过。但是,这一天,他忽然向家人哭闹着要写字的纸笔。他的父亲心中惊讶,不知道他怎么知道纸和笔,更不知道他要拿来做什么。于是,就到附近有纸笔的人家借了来给他。仲永接过后,当即写了四句诗,并把自己的名字也写在上面。仲永的父亲见儿子小小年纪竟然能够无师自通,写出字来,惊喜异常,可是又不知道他写的是什么,于是请了乡里的秀才观看,才知他的诗讲的是奉养父母、团结族人。仲永的父亲逢人便说这件异事,消息很快便传开了。从此以后,人们见到仲永往往会指一物让他写诗,仲永不假思索,脱口而出,文法和内涵都有值得欣赏的地方。乡人啧啧称奇,认为仲永乃天生神童,将来必有出息,于是渐渐地都与他家结好,款待他们父子,还有人花钱请仲永写诗相赠。仲永的父亲见有利可图,就不让仲永去上学,而是每天强拉着他挨个到同乡人家拜访,接受人家的宴请,收取仲永写诗所得的钱财。

王安石对这个舅舅家村子里的天才少年早就有所耳闻,也一直想见一见他。但是,安石随父亲宦游在外,没有机会去金陵。直到13岁这年,因为祖父去世,父亲辞官还乡,王安石才终于在舅舅家见到了仲永。当时,王安石的心情是激动的,他很想和这个与自己差不多大的少年结为好朋友。可是,仲永的诗到底写得什么样自己还没有见过,他的理想抱负是否和自己一样?他是否愿意和自己交往……王安石不知道,于是就出了个题目请仲永写诗,以此来试探他。结果却令安石大失所望。仲永所写出来的诗远没有传说中的那么精彩,仅仅是文理通顺罢了。王安石最终没能和仲永成为知己,但却并没有忘记他。7年以后,当王安石从扬州再次来到舅舅家时,还忍不住打听仲永的消息。却听说,仲永现在已经和普通的百姓一样,再也写不出诗了。

这件事给王安石的触动很大。方仲永天赋极佳,但却因为没有受到很好的教育,最后只能落得跟平常百姓一样。

大道独行 王安石

如果没有仲永这样的天赋,生来就是平常人,后天再不努力学习,一生更是只能成为一个平凡的人了!自见到仲永,明白"男儿少壮不树立,挟此穷老将安归"的道理后,王安石更加珍惜学习的机会。此后,谢绝一切应酬,在家中闭门苦读。"桃花石城坞,饷田三月时。柴门常自闭,花发少人知。"在这一段时间里,王安石认真研读了大量书籍,渐渐完善了自己与众不同的治学理念,在思想上走向了成熟。

附:王安石《伤仲永》原文〔此文写于庆历三年(公元1043年)〕

金溪民方仲永,世隶耕。仲永生五年,未尝识书具,忽啼求之。父异焉,借旁近与之。即书诗四句,并自为其名。其诗以养父母、收族为意,传一乡秀才观之。自是指物作诗,立就,其文理皆有可观者。邑人奇之,稍稍宾客其父;或以钱币乞之。父利其然也,日扳仲永环谒于邑人,不使学。

余闻之也久。明道中,从先人还家,于舅家见之,十二三矣。令作诗,不能称前时之闻。又七年,还自扬州,复到舅家,问焉。曰:"泯然众人矣!"

王子曰:仲永之通悟,受之天也。其受之天也,贤于材人远矣。卒之为众人,则其受于人者不至也。彼其受之天也,如此其贤也,不受之人,且为众人;今夫不受之天,固众人,又不受之人,得为众人而已耶?

矫世之志

古有孔子"韦编三绝",苏秦"悬梁刺股",匡衡凿壁偷光,车胤囊萤,孙康映雪,董仲舒目不窥园……他们如此勤奋刻苦地读书学习,难道只是单单为了那学问本身吗?自然不是的!知识学问只是安身立命的辅助工具,古时候世代为农,大字不识一个的大有人在。只是为了那胸中抱负,远大志向,才废寝忘食、如饥似渴地汲取知识能量。一个人的志向决定了他的眼界和前进方向,也决定了他在人生路上能走得多高多远。

从小,王安石就是一个与众不同的孩子。虽然有两个哥哥,弟弟妹妹又相继出世,即使不出门也有很多玩伴,但王安石却并不怎么喜欢玩耍。小王安石所喜欢的,是看哥哥读书写字,听父亲谈古论今。本就聪慧的王安石,在父亲和哥哥的熏陶下,对于读书有着超乎寻常的喜爱。入学之后,两个哥哥花4年时间才读到《尚书》,而王安石不到两年就读到了。对王安石大加批判的《宋史》,也不得不在《王安石传》中写道"安石少好读书,一过目终身不忘。"

超强的记忆力帮助王安石了解了更多前人的思想和成就。孔孟之道、管乐之能,无不令他心生向往。但是,这些人虽然流芳万世,却并非十全十美。孔孟不被当时君主重视,仅能传道,却对时弊无太多实际意义,而且自身还免不了忍受

大道独行 王安石

饥寒,管仲乐毅的治国才能也并非无法超越。小小的王安石颇为自负地想,自己有朝一日,一定要做出一番堪与这些圣贤相媲美的成就,而且要做得比他们还好。

王安石在他的《忆昨》诗中写道:"此时少壮自负恃,意气与日争光辉。乘闲弄笔戏春色,脱略不省旁人讥。坐欲持此博轩冕,肯言孔孟犹寒饥。"年轻气盛的少年,自有着凌云壮志,在他眼里博取功名易如反掌,锦衣玉食不在话下,致君尧舜亦非空谈。为了实现自己的理想,王安石沉浸在自己的世界里,丝毫不顾忌别人的讥讽。

现实的经历又使王安石了解了更多的社会现状。多年跟随在父亲身边,耳闻目睹了多少百姓的艰难困苦、地主恶霸的骄奢淫逸、贪官污吏的巧取豪夺……大宋朝国库空虚,但国家不是所有人都贫穷,穷的只是普通百姓,是国库。造成这种局面的,是国家的生财之道和理财之道存在问题,也是官员的道德品性问题。若有好的生财之道和守财之门,百姓富足亦能充盈国库,官员若是清廉,便不会欺上瞒下,中饱私囊。百姓若能得一有才干又能为百姓谋利的父母官,日子便能好上许多。

国内现状如此,边境又不平静。宋仁宗明道元年(公元1032年),位于宋朝西北部的西夏国首领德明去世,其子元昊继位,加强专制统治,并于景祐元年(公元1034年)反宋,此后十年间,宋夏战争不断。此时,王安石不过十四五岁,在岭南少数民族叛乱尚未平息之际,西夏又趁机大举入侵。国难当头,哪一个有志男儿不欲杀敌报国?可是自己眼下却只能对着山水感慨。愁闷之际,只好写下一首《闲居遣怀》寄托情怀:

惨惨秋阴绿树昏，荒城高处闭柴门。
愁消日月忘身世，静对溪山忆酒樽。
南去干戈何日解，东来驷骑此时奔。
谁将天下安危事，一把诗书仔细论。

　　国家文强武弱，屡受西夏和辽国侵犯。勉强换得一时的和平，却要每年送给辽人银10万两、绢20万匹（据"澶渊之盟"），送给西夏银7万两、绢15万匹、茶3万斤。这样，对方尚不满足，窥视宋朝河山，屡屡生事。这真是每一个大宋子民的耻辱啊！有什么办法可以让军队强大起来，使外敌不敢正视呢？

　　若是自己日后能够受到重用，一定要通过不懈的努力改变现状，立言立行，变更国法，使国力强大，外敌不敢进犯，百姓富足，人民安居乐业……在这少年的心里，已经早早地立下了"矫变世俗"的远大志向。"富国""强兵"成了他日后变法的主要内容和根本目的。

　　要实现理想，没有知识的支撑是不行的。所以，王安石读书常到深夜。在随杜子野先生求学的时候，有一天杜先生见太阳已经出来了，安石还未出屋，房门紧闭，不闻声响。先生以为安石偷懒酣睡，就走到窗前叫他："安石，起床了，今天该你做饭了！"王安石听得先生叫喊，从书中回过神来，抬头一看，太阳早把窗户照得明亮。急忙一边应着，一边打开门拿了工具去庙里取火。杜先生看见他桌上还点着灯，摊着书本，才知道他是读书读了一夜。见他去庙里取火，不觉哑然失笑：这孩子看书都看糊涂了，只是不知学业进度如何，倒要借机考考他。

　　庙离厨房还有一段距离，等王安石取来火做好饭，已经过

了很长时间。吃过饭，杜先生开口道："安石，你早上从哪里取的火啊？"王安石不解："从寺庙呀！"先生又问："灯是不是火呀？"安石点头："是的。"先生道："你房内明明有灯，却跑去庙里取火，不是舍近求远吗？"王安石这才反应过来，不好意思地笑了。先生说："今天就罚你以此为题赋诗一首。"王安石领命，略一思索，便提笔写下一首五言绝句：

　　红日窗前照，夜读竟忘饥；

　　早知灯是火，饭熟几多时。

先生看罢，轻轻点头，却拿起笔把那"照"字圈出，改为"叫"字，给王安石看。原来的诗已变成：

　　红日窗前叫，夜读竟忘饥；

　　早知灯是火，饭熟几多时。

王安石体会出批示后的诗不只有指点，还有先生浓浓的关切之情，不禁心生感激。

这就是民间广为流传的王安石勤奋夜读和被罚赋诗的故事。从中，亦可以看出王安石为实现他"矫世之志"所付出的努力。

慈父仙逝

宋仁宗宝元二年（公元1039年）二月二十三日，王安石的父亲王益，在江宁通判任上病逝，年46岁。这一年王安石才19岁。王益的去世，对王家来说不啻于晴天霹雳。对王安石而言，这更是他人生的一个转折。

王益虽然没有做过高官，但一生品行高洁，为官清廉，不只是百姓眼里的好父母官，也是王安石兄弟等人的榜样。因为王益的就职调动频繁（北宋的一个普遍现象），居无定所，仅靠官俸度日，所剩无几，所以王家没有田地产业，当王益官职调动时，一家人都会跟着迁移。这也是王安石少年时期几乎走遍大半个南中国的重要原因。

　　王益17岁之时文才就已经颇受时人赏识，宋真宗大中祥符八年（公元1015年）考中进士，被派往建安县任主簿。当时，因为年少，县里的人都有些轻视他。等到见了他的所作所为，才深感敬畏、信服了。王益负责上收赋税，从来不逼迫穷苦百姓。处理政务，需要惩戒犯错之人时，也只对那些犯了严重错误的富豪恶吏施以刑罚。全县因为王益而大治，所以，建安县的人都很爱戴他。有一次王益病了，全县百姓都去为他祈福，祈求上天能让他快快好起来。

　　有一年，因为县里的人没有按时把税收征上去，州里派人责问。王益说："衙门里负责征收赋税的孔目吏尚且没有按时上缴税收，又怎能要求贫苦人家？"于是带人到府门把征税官吏抓回来，打了20大板，限期3天让其如数上缴税收。3天之后，不只官吏交齐了，百姓的税也都交上来了。众人都佩服得五体投地。

　　后来改任临江军判官。军中多有豪门望族，凭着财势任意妄为。郡守受这些人的牵制也不免同流合污，做些不法的事情。郡守以下的官吏见上司如此，更加公然胡作非为，肆无忌惮。王益上任以后，遇到郡守有不法行为时，就据理力争，使其不能放纵。执法严明，明辨是非，下级官员不敢动

大道独行 王安石

摇。很快，所管辖的范围内都得到了很好的治理，秩序井然。有政吏写公文向来轻慢上级，对郡守亦是。但对王益却以"阁下"的尊称相敬。大小官吏见王益正直无私，人不能欺，只好联合富豪一起出钱求转运使的下级官员想办法把王益调到了别处。王益被调到了新淦县任上，使新淦县得到大治，远近闻名。直到近30年后王益去世，新淦县的官吏百姓还在称道他的恩泽。

后来，王益改任为大理寺丞，到庐陵县做知县。之后又改任殿中丞，到新繁县任知县。新繁县有几个向来作恶多端的人，王益把他们绳之以法，对于其他人都是以恩信相待，使百姓奉公守法，曾经接连一个多月都没有动用过刑罚。

以后，王益又被改为太常博士、尚书屯田员外郎，调到韶州任知州。韶州也就是今天的广东省韶关市。在宋朝时还是属于蛮夷之地。当时，韶州人没有男女之别，以前的朝廷官员，认为是当地的风俗习惯，都不予追究。王益却说："人伦之理不可亵渎，所谓的因循风俗传统，怎么能是指在这件事上顺其自然？"开始着手纠正民风，没过多久，当地人在集市上行走，都以礼相待，男女有别，不敢随意混杂。北宋理学先驱胡瑗在写作《政范》时，把王益的这件事情作为典范记录在内。

在韶州任上时，下属的翁源县多老虎，危害百姓。王益下令捕杀。翁源县的县令想要讨好王益，说有5只老虎在王益下令之后就自己死掉了，乃是天降祥瑞。把虎抬到州府，献给王益歌颂他的功德。王益不为所动，说："管理百姓，治理地方靠的是仁德而不是鬼神之说。"并让来人把虎抬回去。那些人知道王益人品，也就不敢再阿谀奉承了。

韶州驻有500效忠后蜀的兵士，因为长时间没有人来管理，暗中谋划想要作乱。一旦起事，韶州是小州郡，又地处偏远，无处依傍，将难以平定。得知消息后，官吏都惶惶不安。王益镇定自若，只把为首的5个人捉拿到案。下面的官员都请求把这些人关押起来，王益认为罪未及此，不听，当天就断下来把这5个人流放了，并派人把他们护送出境。后来，听说这些人的手下曾经议定，若是王益把他们的首领下狱，当天晚上就会来劫狱，并趁机叛变。官员们才对王益更加佩服。

韶州虽然是小州，但因地处南方，当时比不得别处开化，素来以难以治理而出名。但王益凭着自己的才能把韶州治理得井井有条，做了很多有利于百姓的事情。韶州的父老说，自从宋朝攻下韶州，在韶州设立了知州郡守，历任官员没有比王益更具有贤德的。

后来因为王安石的祖父去世，王益才辞职回乡，离开了韶州。守孝期满，他被任命为江宁府通判。知府十分倚重王益，把大小事务都交付给他，王益都尽心尽力地去做，直到宝元二年（公元1039年）因病去世。

对百姓而言，王益是难得的好官，对王安石兄弟姐妹们而言，他更是一个好父亲。侍奉双亲至孝，对儿女和蔼可亲，谆谆教诲。在那个家长常常以家法惩戒不听话孩子的时代，王益是为数不多的不体罚孩子的父亲。每次和孩子们聚在一起，都会对他们和颜悦色地讲解做人的道理，讲朝代兴替的缘由等，孩子们都很喜欢听。

大道独行 王安石

王益对王安石的影响很大。不只是因为王益的身体力行，使王安石明白了如何做一个好官，更重要的是王益的家庭教育方式，成就了王安石特立独行、卓尔不群的个性。王安石最崇尚孟子的学说，除诸子百家之外，《难经》、医书、佛经亦无所不读，而王益并不认为这种与当时盛行的儒家传统思想有悖的做法有什么不妥，并不干涉，给了王安石充足的思想空间。

王益为官期间不畏豪强，果敢有为，王安石后来变法时遭受绝大多数人的反对，但他却不为所动；王益虽然多年为官，但却并不热衷功名，一直想的是功成身退，王安石在神宗即位前屡次推托京官的任命，在为相期间依然多次上书请求辞职；王益为官清廉，不置产业，王安石做到宰相，依然清贫如水，乃至第一次被罢相时神宗特意赐他银两，助他回乡度日……在很多地方，王安石的身上多多少少都有着王益的影子。

王益有七子三女。第一位妻子姓徐，生下两个儿子安仁、安道后，早早地去世了。后来娶了吴氏，也就是王安石的母亲，生下王安石、王安国、王安世、王安礼、王安上和3个女儿。在他的7个儿子中，后来有4个中了进士，王安石更是名动朝野，千年以后依然被人热议。但是在当时，王益的去世，对这一家人而言却是灾难性的。王安石尚且只有19岁，几个弟弟妹妹更是年幼。感情上的难以割舍，使这一家人悲痛欲绝。王安石曾在诗中写道："昊天一朝畀以祸，先子泯没予谁依？精神游离肝肺绝，眦血被面无时息。母兄呱呱泣相守，三载厌食钟山薇。"对当时的情形进行了描述。有人说，王安石在诗中所写"三载厌食钟山薇"是因为生活贫困，吃了3年野菜吃厌了。然而我们更倾向于理解为，是因为王益的去世给王家人所带来的精神打击，使他们每到吃饭时，就怀念起当时一家人团聚的日子，悲伤得连续3年都吃不下去饭。

失去了父亲的依靠，王安石更加成熟了。为王益守孝满3年后，王安石踏上了赴京参加科举考试的路，从此走上了仕途。

大道独行 王安石

第二章

仕途之路

进士及第

北宋汪洙有一首《劝学》："天子重英豪，文章教尔曹。万般皆下品，唯有读书高。"其中对读书好处的描述至今仍被人广为传颂。世间三百六十行，只有读书这一条路可以提升一个人的身份地位。人们尊敬读书人，不只是因为他们有学问，更是因为他们可以凭借学问得到天子的赏识和重用，脱离体力劳动，为官为宦，光宗耀祖，这才是根本。所以，但凡有条件的家庭，都会送孩子去读书，而所有的读书人都渴望通过朝廷的选拔考试，为君所用，步入仕途。

宋仁宗庆历元年（公元1041年），王安石离开了江宁，入京参加科举考试。对所有的举子们来说，这是一件大事。

成则可以得到一官半职,或是扬名于世或是一展抱负,好处多多。败则无颜面对家乡父老,而且又要进行3年苦读,等待下一次不知道结局的科考。

已经21岁的王安石心中自然也是充满期待的。他希望能够考中进士,一展胸中抱负。也许有很多人考进士只是为了得到官职,一为荣耀,二为钱财。可王安石不然,他是真正地想要为国家和百姓做些事情,实现自己的矫世之志。

尤其是在从江宁到汴梁的路上,王安石亲眼目睹了淮河水灾连淹4府12县的惨状。水灾造成大面积庄稼颗粒无收,百姓流离失所,贪官污吏却只顾着自己升官发财,私自买卖储备救灾粮,置百姓死活于不顾。国家靠向灾区征兵来防止民变,老弱病残都能当兵,军队的战斗力如何能够提高?大量扩充军队,需要花费巨额军费供养,本就空虚的国库又如何能够充实起来?国家积弊已深,若不能来一次大的变革,如何能够改变现状?

自己虽有大志,但是所有的一切都要依赖这次考试。只有通过科举考试,才能得到向皇帝进言的机会,得到为百姓谋福的机会。可是,自己的文章是否能得到主考官和圣上的赏识呢?他有些拿不准。

庆历二年(公元1042年)初,王安石同众举子入了春闱。以诗赋决科,而王安石素来认为诗赋多是拿来抒情和玩赏的,对于治国安邦并无太大帮助,所以并不太赞同国家用诗赋来作为选才的标准。他在试院中的五绝之一中写道:"少年操笔坐中庭,子墨文章颇自轻。圣世选才终用赋,白头来此试诸生。"如此关系重大的时刻,王安石还能够坚持写出自己真实的想法,而不流于媚俗,他的与众不同已经越

来越明显地展现出来。

三场考试下来,剩下的就是等待放榜了。胜负已不在自己掌控之中,举子们都没了之前的紧张,开始相约出去喝茶聊天,谈古论今。自然也会谈论到这次的科举考试,对于有望进前三甲的人众说纷纭。

当时,有个叫杨寘的考生,非常有希望考中状元。杨寘乃是晏殊女婿杨察的弟弟。晏殊当时任枢密使。宋朝时,枢密院与中书省并称"二府",枢密使乃是枢密院的最高长官,与中书省的同平章事合称"宰执",统率全国军队。按照规定,考生的卷子在进呈皇帝御览之前,要先评出前10名进呈"二府",而前三甲若无极特殊原因,都会从这10人当中产生。所以,杨寘就求哥哥问问晏殊自己的排名。第二天,晏殊看到呈上来的名单中,杨寘的赋已被定为第四名,出来后,告诉了杨察。杨察又派人把消息暗中透露给杨寘。当时,杨寘以为自己定能中状元,一些朋友也纷纷道喜,众人在酒馆里饮酒作乐。得知排名第四后,杨寘懊恼不已,以为与状元无缘了,不由得拍着桌子骂道:"不知道是哪个野小子把我的状元夺走了!"

结果,等进士榜张贴出来,状元恰恰却是杨寘。第二名是王珪,第三名韩绛,王安石排在第四名。原来,杨寘确实被主考官定为第四名,第一名是王安石,第二名王珪,第三名韩绛。礼部再三评定后,由皇上最终确定。先把王安石的卷子进呈,仁宗看到卷子中有"孺子其朋"一句,心中不喜,说:"这句话犯了忌讳,不能把这个人定为魁首。"再看王珪的卷子,觉得可以,但一查王珪乃是有官职在身,按规定不能做状元。再看韩绛,觉得也可以,但又是一个有官在身的，直到看到杨寘的卷子，才最终定下杨寘为本科状元。按照惯例，杨寘排在第一后，剩下的人仍然应该按原顺序往下排，但因为"孺子其朋"一语，仁宗直接把王安石和杨寘的位置换了一下。这样，本应是状元的王安石连前三甲也没能进。

"孺子其朋"出自《尚书·周书·洛诰》："孺子其朋，孺子其朋，其往。"乃是周公对成王说的话，有长辈教育晚辈的意思。当时仁宗已经30多岁，而王安石才22岁，借用周公的话难免有些不妥。不过王安石对于失去状元并没有太多在意，终其一生，都不曾拿这件事情来炫耀自己。他的人品由此也可见一斑了。

王安石的本意并不在那状元的虚名，他要的只是一个施展才华的平台。第四名已经足够了，而且也可以给家人一个很好的交代了。他的《忆昨诗示诸外弟》诗就写于中进士之后，其中对这一段的记述为："刻章琢句献天子，钓取薄禄欢庭闱。"其实，以王安石的个性，他是不可能违背自己的心意来取悦天子的，"士为知己者死"，若是遇一个与自己志向不同的皇帝，他是无法放开手脚施展才华的。而他也不屑于成为大宋朝为数众多的在其位不谋其政的"冗官"中的一员混日子。能够考取功名，令家人高兴才是更令他开心的事。

放榜之后，便是忙碌的应酬拜谢。王安石出众的文采、独到的见解、独特的气质及与状元失之交臂的经历让大家都对他刮目相看。王安石也结交了几个好朋友，曾巩便是其中之一。曾巩，字子固，江西南丰人，离王安石家乡不太远。曾巩也是有见识的人，与王安石一见如故，后来又与王安石

同位于"唐宋八大家"之列,两人交情颇深。可惜的是,这一次,曾巩并没有考中,只能再等3年了。

圣命下来,前10名进士要依例拜谢枢密使晏殊。晏殊等众人谢过后,单独留下王安石叙话并邀他一起吃饭,十分礼遇。论起来,两人原是同乡,晏殊早听闻乡人对王安石德行的称道,如今见他又是如此才华气度,更是赞赏有加,说王安石日后必定能达到自己今天的位置。最后,晏殊又赠送王安石两句话:"能容于物,物亦容矣。"晏殊已经看出以王安石刚直的个性,在朝为官,必然会是曲高和寡,若不懂得变通,可惜了他一身才华,因此,拿话来劝导。但王安石却不以为然,当时只是微微应承。回到旅舍后,叹息道:"晏公乃是朝中大臣,却教人做这些卑躬逢迎以求安身的事,实在令人失望啊!"

王安石认为,宋朝之所以因循苟且,产生诸多问题,正是因为缺乏敢于挑战世俗传统的有识之士。但是,晏殊的话亦不无道理,直到王安石后来被罢相,人们才佩服晏殊的先见之明。这是后话。

过了一段时间,朝廷的任命下来了,王安石被任命为"淮南签判",择日起程。告别了众人,王安石再次南下,开始了他长达20多年的地方官生涯。

政绩卓著

从王安石中进士,到出任宰相,20多年间,出任地方官的时间远多于京官。从"淮南签判"到鄞县知县、舒州通判、常州知州、提点江东刑狱。在这些任上，王安石做了许多有利于百姓的事情，深受百姓爱戴，他的政绩也是朝廷上下有目共睹的。

王安石的第一任官职乃是"淮南签判"，治所在扬州。宋代选派京官充任各州、府的助手，称为签书判官厅公事，简称"签判"。其实，不过是做些文件的收发管理工作，很清闲。自宋太祖赵匡胤"杯酒释兵权"之后，朝廷就开始用优厚的待遇供养大臣，渐渐形成传统。有很多官员平日根本就无事可做，甚至根本不用去府衙，却照样可以得到俸禄。"养官"造成了"冗官"，也是导致国库空虚的一大原因。对于一些安于现状不思进取的人来说，这样的工作真是再好不过了，然而，对于一心想有所作为的王安石却是一种束缚。有力无处使，他只好把精力依旧投入到读书当中。

3年任职期满后，王安石被任命为鄞县知县。收到消息的那一刻，王安石不禁吐出一口气，终于可以握有实权，有一番作为了！

鄞县也就是如今的宁波，王安石到这里后正赶上北方大旱，百姓争相向南逃荒。鄞县也涌入大批灾民。王安石看在眼里，心中自是无限怜悯。其实，南方百姓的生活也好不到哪里去啊！百姓们靠天无望，自己这个父母官若再不有所作为，百姓哪里还有活路？所以，到任以后，王安石马不停蹄地开始了他的治县工作。主要成就有救济灾民、兴修水利、兴办学校、整顿吏治、借贷青苗等。

救灾期间，王安石常常带着人奔波于各地，风餐露宿："蹇水穿山近更赊，三更燃火饭僧家。乘田有秩难逃责，从

大道独行 王安石

事虽勤敢叹嗟?"(王安石《发粟至黄陂寺》)虽然辛苦,但是自己职责所在,却不敢有所懈怠。像王安石这样一心为民的官员可以说是非常难得了。

旱涝两灾频频发生,根本原因在于没有足够的水利设施,旱年无法蓄水,涝年无法泄洪,为了从根本上解决问题,王安石一个多月内走遍全县,进行实地考察,行程1000多里,确定了施工地点和方案。然后,组织农民修建了大小水利设施20多处,为以后的抗灾工作打下了坚实基础,恩泽绵延数百年。

王安石自己爱好读书,也非常重视对百姓的教育。根据鄞县县志记载,宋仁宗庆历八年(公元1048年),王安石在寺庙中设学堂,请了名儒杜醇任教书先生,教养县中子弟。从这时起,鄞县才开始有了学堂。"十年树木,百年树人"。通过教学,使百姓知书识理,更是一件功在千秋的事情啊!

另一件重要的事情是,王安石在鄞县实行了青苗法的试验,取得了很大成效,为后来的变法提供了事实依据。当时,百姓辛苦一年,丰年也不过仅能维持生活,遇到灾害就更加难以度日,向富家借贷,利息往往高达百分之二百之多,糊口都成了问题。很多农民收上来庄稼,交完公粮,连偿还高利贷都不够,哪里还有余粮做种子进行下一季的生产?这样,更加重了贫困。针对这一现状,王安石传谕各乡,青黄不接之时,可以到县里借贷粮食,利息为两分,只需等下一季庄稼成熟后,随公粮一起缴纳本息即可。这一项措施,给农民带来了真正的实惠,减轻了年景不好时农民的负担。

鄞县百姓对王安石的评价是颇高的,县志中多处可见。

称王安石"年甚少,气甚锐,而学甚富,其志意义所存远矣。"王安石去世后,县中为王安石建立祠堂,后来百姓又自发出钱出力重建。过去近200年,还有百姓指着王安石在当地留下的痕迹怀念他。

宋仁宗皇祐三年(公元1051年),31岁的王安石被任命为舒州通判。虽然位子升了,但王安石却并不怎么开心,通判只是副职,工作也比较清闲。失去了施展的舞台,王安石再次把时间大量投入读书写作上。他在天宁寨的通判厅侧边建起楼阁,名为"舒台",夜夜在此读书,成为当地一景。后人有诗为记:"荆公读书处,夜月生辉光。台高月皎洁,清影照回廊。至今留胜迹,千古有余香。"如今"舒台夜月"已成为"潜阳十景"之一。在这里本就学识丰富的王安石更是博览群书,涉猎之广,可谓无所不及。也留下了很多著名的诗词文章。如《到舒州次韵答平甫》《九井》《题舒州山谷寺石牛洞泉穴》《舒州被召不赴》《游褒禅山记》等。

因为王安石的文章见识、人品德行和在地方的作为深受朝廷认可,朝廷屡下诏书召他回京任职,但王安石都推却了。舒州任满后,皇上命他在京任群牧判官。王安石依旧坚决推辞,直到听了欧阳修的劝诫,才接受任命,时在至和元年(公元1054年)。

当时,集贤院有一个叫沈康的人,听说王安石得了这个官职,心中不服,就找到宰相陈执中说:"我在集贤院任校理已经很长时间了,多次请求升任群牧判官,都没能批准。王安石如今已经卸任,又没有我资历深,希望您一定要改一下,让我做这判官。"陈执中回答说:"王安石推辞召试,把机会让给别人,朝廷欣赏他淡泊名利,所以特别给予恩惠,

大道独行 王安石

岂是论资历来任命的？朝廷设集贤院招揽天下有才之士，只论贤德，不曾按官爵论尊卑。你现在却如此与王安石争夺，相对于王安石的屡次推托朝廷优遇，也显得脸皮太厚些了吧？"沈康听后惭沮而去。

这个沈康千方百计想要得到的群牧判官，却并不被王安石看在眼里。功名利禄从来就不是他的追求，别人认为京官荣耀，他却觉得普通人都可以胜任。不能尽其所学，造福一方，乃是使父母蒙羞的事。所以，他更愿意在地方上，虽然每天忙碌不止，却能够真真切切地为百姓做些实事。两年多时间里，王安石写了十多封请求外任地方官的信，直到嘉祐二年（公元1057年），朝廷才同意让他出任常州知州。

在常州任上，王安石发现当地洼地较多，很容易发生涝灾，而且导致大量土地无法耕种，百姓深受其苦。为了解决这一难题，王安石筹划修建一条运河。这是一项较大的工程，运河贯穿好几个县，长近百里，因此，需要各县知县和转运使的配合。然而，召集众人一说，听到的却是众口一词的反对。大家认为常州自来如此，没有必要如此大动干戈，而且此事牵涉大多，人力、财力都不好调度。另外，运河开通后是否真能造福当地还是未知数。如果反而为害，朝廷降罪下来，众人难逃干系。司马光的哥哥司马旦虽然同意施工，却希望能够慢慢来，令各县每年出一次役工。王安石没有听从。然而，本就不赞同的各县哪里肯真心配合，出些老弱病残之人，又赶上其间连日大雨，民工大多生病了，王安石只得下令暂停。不久之后，王安石调离此地，运河之事自然不了了之。

已经劳人费财，却不能使百姓获利，王安石一直耿耿于怀。他认为之所以不能成功，除了天气因素，更重要的是转运使的支持不力。也许正是这件事情，使他更加痛恨那些因循苟且的官吏。在他主持变法期间，固执己见，对反对派一再打压，除了他自身的性格倔犟外，这次的教训也多少有些影响。

王安石在常州仅待了半年多，朝廷提点江东刑狱的任命就下来了。王安石请求留任，没有成功，只好闷闷不乐地离开了常州。王安石精于断案的名声早在他任鄞县县令时就已经广为人知。很多疑难案件经他之手，很快便能水落石出。由于前提点江东刑狱沈康（同前文）贪赃枉法，被上司查出，谏官陈旭上书，指名请求让王安石接任。王安石在提点江东刑狱任上也没有待多久，嘉祐三年（公元1058年）十月，再次被召入京，任三司度支判官。后来与司马光同修起居注，此后，又被升为知制诰，直到嘉祐八年（公元1063年）八月，王安石母亲去世，辞官回江宁守孝。在神宗即位之前，王安石不再出山。

喜得贵子

王雱（公元1044—1076年），字元泽，临川（今江西抚州）人，是王安石长子。天资敏慧，未成年前已著书数万言。宋英宗治平四年（公元1067年）进士，调旌德尉，累官至天章阁待制兼侍讲，迁龙图阁直学士。王雱才高志远，帮助父亲变法，但英年早逝，去世时年仅33岁。

大道独行 王安石

王安石在任淮南签判的第二年,回乡娶妻,第二年生下儿子王雱。王雱亦是从小聪明伶俐。有一次,有个客人给王安石送来了一只獐和一只鹿,装在同一只笼子里。因为从来也没见过这两种动物,所以,小王雱很好奇,围着笼子看个不停。客人看他可爱,想要逗逗他,于是便指着笼子里的獐和鹿问他:"你能说出哪一个是獐哪一个是鹿吗?"小王雱灵机一动,脱口而出:"獐的旁边是鹿,鹿的旁边是獐!"好一个聪明机智的孩子!客人听后赞不绝口。

王雱聪明好学,20岁时,就已经"著书数万言"。宋英宗治平四年(公元1067年)中进士,曾经"作策三十余篇,极论天下事",一时间名声大振。王雱性格倒有些遗传自王安石,而且比王安石还要激进,颇有几分傲气,认为自己是可以做大事的人,不屑于做小官。后经过邓绾、曾布的举荐,受到神宗皇帝召见,任命为太子中允、崇政殿说书。王雱的诗写得很好,如他的一首《绝句》:

　　一双燕子语帘前,病客无憀尽日眠。
　　开遍杏花人不到,满庭春雨绿如烟。

这首描写春愁的诗,清新自然,深得王安石真传。他的另一首诗《度关山》:

　　万马度关山,关山三尺雪。
　　马尽雪亦干,沙飞石更裂。
　　归来三五骑,旌旗映云灭。
　　不见去时人,空流碛中血。

描写战场的独特景物及战争的残酷,去时千军万马,回来时却只剩下寥寥几人,队不成队,列不成列,旗帜都看不到。不见出征的将士回还,只留下沙石上斑斑血迹。参照辽宋战争时，宋军屡次战败，动辄数万人被杀，流血漂橹，这首诗写得倒并不夸张。后人评价说，王雱的这首诗，就是古乐府也没有能够超越的。

王雱的诗文都好，但却不喜欢写词。一些朋友就和他开玩笑，说："元泽，你别总说不愿意写词，该不是你不擅长，怕人取笑，才故意不写的吧？你要是能写出一首让大家都佩服的好词，我们才相信你是真不愿意写。"

王雱年轻气盛，哪里肯受人激，当即写下一首《倦寻芳慢》：

露晞向晚，帘幕风轻，小院闲昼。
翠径莺来，惊下乱红铺绣。
倚危墙，登高榭，海棠经雨胭脂透。
算韶华，又因循过了，清明时候。
倦游燕，风光满目，好景良辰，谁共携手？
恨被榆钱，买断两眉长斗。
忆高阳，人散后，落花流水仍依旧。
这情怀，对东风，尽成消瘦。

这首词亦是写春愁，妩媚动人，见者皆服其精致，从此，再没人敢怀疑王雱不会作词了。王雱终究还是不喜欢写词，留下来的词仅有两首，另一首为怀人之作《眼儿媚》：

杨柳丝丝弄轻柔，烟缕织成愁。
海棠未雨，梨花先雪，一半春休。
而今往事难重省，归梦绕秦楼。
相思只在，丁香枝上，豆蔻梢头。

相思情深，却旧梦难圆，以致愁绪满怀，满目凄凉。这首词也是非常受人喜爱的。

王雱著有《老子训传》《佛书义释》《南华真经新传》20卷、《论语解》10卷、《孟子注》14卷、《道德经注》等。《老子注》见解独到，自成一家之言，尤其被后世称道。当时人把王雱与他的叔叔王安礼、王安国合称为"临川三王"，可见他的名气之大。

屡辞征召

王安石素有大志，而且享誉当时。司马光说："窃见介甫独负天下大名三十余年，才高而学富，难进而易退。远近之士，识与不识，咸谓介甫不起则已，起则太平立可致，生民咸被其泽。"一个"咸"字说明，这并不只是司马光一个人的观点，而是人们的共识，王安石一旦担负重任，太平盛世就有望了，百姓都会受到恩泽。但是，就是这样一个如此被人看重的人，却屡屡推托朝廷的征召，甘愿在地方上一干几十年，不能不令后人猜测万分⋯⋯

在王安石淮南签判任满之后，若是他人，便会申请参加馆试选拔，力求担任皇帝身边的词臣。不仅职务清闲，更重要的是在皇帝身边，有更多的机会受到皇帝的提拔。由进士参加馆试而升为两制词臣，再由词臣而辅相，是宋代文人的"终南捷径"。然而，王安石却没有参选，而是愿意到地方做知县。虽然众人纷纷劝解，王安石却始终坚持。他的理由很简单，就是希望在地方上认认真真地做点实事。他的决定也没有人可以改变。

因为在任上做得非常好，又不喜钻营，在王安石任舒州通判不久，宰相文彦博以王安石淡泊名利、高风亮节为由荐举王安石，请求破格提拔。朝廷下令王安石去京城参加馆试。同僚纷纷道贺，王安石却上了一道《乞免就试状》，以家中祖母年老、父亲尚未正式安葬、弟妹正值婚嫁之时，家贫无法在京城生活为由，谢绝了皇帝等人的好意。并指出，不去做京官只是因为这些实情，并不是像他人所说的淡泊名利。

至和元年（公元1054年），翰林学士杨伟等人再荐王安石文行颇高，恳请授他要职。中书省官员上奏说王安石总也不参加选拔考试，只怕这次也不例外，于是，皇帝下诏直接任命王安石为集贤校理。王安石4次上书推辞，皇帝只是下旨让他在京等候差遣，后来任命他做了群牧判官。王安石已在京等候数月，家人多病，又遇火灾，本就不多的财物焚毁殆尽，只得暂时留在京城。但仍然一有机会便上书请求外调。十多次请求后，才得以出任常州知州，不久又被调到京城，嘉祐四年（公元1059年）五月，多次推辞不得，才就任集贤院院直。第二年，皇上又下令让王安石与司马光同修起居注。司马光连上5道书请辞，不见批准，只好上任。王安石更固执，以入馆才数月为由连上了7道书。仁宗始终不同意放他，见他不去廷谢，就令阁门吏带着诏书到王安石工作的地方让他接旨。王安石依然不接受，传旨的官吏只好跟着他，王安石干脆躲到厕所里。阁门吏无奈，只好把诏书放到了桌案上，回去复旨。王安石出来，又派人追去把诏书还给他。朝廷最终没能拗过王安石，只好暂时作罢。这年十一

大道独行 王安石

月,仁宗再次下令让王安石修起居注。王安石又推辞了七八次才接受。

以前 有很多人认为王安石屡辞征召是"沽名钓誉"。因为,他推辞一次,名声就高一次,20多年间,名满天下,妇孺皆知。也有人认为,是他不满皇帝的任命,认为大材小用,所以不接受。

但是,王安石的名声又岂是因为这而起来的?对王安石多有否定的《宋史》一开始就不得不承认少年王安石即已"属文动笔如飞,初若不经意,既成,见者皆服其精妙。"王安石的文名早已广为人知,芸芸举子中,若非一句"孺子其朋",他便是当科状元。

出任淮南时,曾巩曾作怀友诗并书信寄给王安石,从中可以看出对王安石的真心敬佩。曾巩在信中写道,自己20多年来,渴慕圣贤,希望能够遇到良师益友共参孔孟之道。然而放眼天下,却找不到一个知音。直到遇到了王安石,通过交谈,明白了很多道理,从中受益颇深,才有了继续向上的激情。想日日与王安石同游同学,却因为两地分离很难相见,怀念之情溢于言表。曾巩说:"介卿居今世,行古道,其文章称其行,今之人盖希,古之人盖未易有也。"意思是说王安石在当今之世能行古人圣贤之道,文章与品行俱不凡,不只当今之世再难找出第二人,就算是古人也很少能够做到啊。这时,王安石不过20出头。

在他任鄞县县令时,据县志记载:"于时,年甚少,气甚锐,而学甚富,其志意义所存远矣。"……

这些都说明,王安石成名很早,根本没有必要再通过推脱京官的任命来提高自己的名声。何况,沽名钓誉需要用到将近30年的时间吗？若说王安石认为皇帝给的官太小，那就更说不通了，他任的地方官不是比京官更小吗？王安石却能"无不屑之心，日夜惟以民兴利除害为事。"

那么，王安石为什么屡辞征召呢？其实并不难理解，主要原因可以归结为以下几点：

其一，做京官多是混日子，不能济世救民，而王安石要做的是实事。在地方，自己可以修水利、建学堂、判决讼案、整顿吏治……这些才是能使百姓获益的事情。他认为，就算不能使天下百姓都受惠，管理好一个地方，也是有志之士应该做的事。

其二，仁宗不符合王安石的理想。王安石素有矫世之志，以他的个性，一旦决定的事情，终生不变。所以，按照自己的想法改变当时不良社会现状的理想从未有所减弱。但是，在全国范围内变革，必须要有皇帝的全力支持，否则根本不可能坚持多久。在庆历二年，仁宗皇帝就曾令范仲淹、富弼、韩琦等人主持过变法，也就是"庆历新政"。然而，"庆历新政"实施不足一年，就被废除，范仲淹等人被外放，继而又被贬黜。范仲淹在忧愤之中死去。"庆历新政"失败的根本原因就在于仁宗并无变法的魄力和毅力。这个以仁柔而闻名于世的皇帝，即使想要改变现状，也会在反对者的压力下很快屈服。对范仲淹非常敬仰的王安石很清楚，就算自己答应了征召，很快爬上高位，也很难实现自己的理想，最好也不过落个同样的下场，倒不如在地方上多做些事，等待自己的"文王"出世。

其三，家庭负担。我们已经说过，王安石一旦做了高官，必然要变法，这是他的矫世之志。《宋史》记载："安石议论

高奇，能以辨博济其说，果于自用，慨然有矫世变俗之志。"当时人都认为，一旦王安石能受重用就会给国家带来很大改观。可见，王安石平日的言行之中，一直体现着变法的理念。但是，自古以来，主持变法的，有几个落得了好下场？远的如商鞅、吴起等，近的便是范氏诸人。一旦变法必然触及贵族利益，随时会有性命之忧。这些前人的故事和其中的缘由，博古通今和主张变革的王安石岂会不知？他自己倒是不惧生死，但却不能不顾及祖母与母亲等人。王安石是至孝之人，虽然父亲早逝，但母亲尚在，他不能让母亲日日为他担惊受怕，为他忍受敌对势力的言语攻击。这也许可以解释，为什么王安石在母亲去世、年轻有为的神宗继位后，不再推辞入朝。

上万言书

在三司度支判官任上，王安石上书仁宗皇帝，对天下形势作了分析和判断。这就是著名的《上仁宗皇帝言事书》，因为此书洋洋洒洒近万字，所以人们常简称为《万言书》。要想了解王安石的用人思想和治国理念，这份万言书是必读的。

嘉祐五年（公元1060年）五月，王安石向宋仁宗呈上了《上仁宗皇帝言事书》。

在这份万言书中，一番例行的客套之后，王安石指出仁宗是有聪明睿智的帝王，而且仁民爱物，勤于政务，亲近贤臣，明辨正邪，这样的帝王本应使国富民强、天下大治，但是现实却是江山社稷并不稳固，又常常被辽、夏欺凌，财力日渐枯竭，世风日益衰坏，有志之士都担忧天下久不得安宁。究其原因，不是因为君主无能，而是因为不知法度。

虽然宋朝已经建立了较为完备的法令制度，但是王安石却认为当时的法度已经多不合乎先王为政之道，才会使百姓无法受到皇帝的恩泽。虽然距二帝、三王时间已经过去了1000多年，世事多有变迁，要想完全按照先王之政执行，即使只是做一两成，也是不可能的。但是，治理国家的道理，本末先后，却是相同的。所以，王安石的意思是，要仿效古人的治国思想，根据现实情况来进行变革，不至于骇人听闻。这与我们所说的"理论结合实际"颇为类似。

仅是皇帝想要效法古人的治国思想和法度还远远不够，关键还需要推动变法的人才。王安石认为，当时大多是因循苟且之辈，不只处于高位的人难以担当变革重任，隐匿于下面的贤能之人亦是少之又少。自己这么多年来从南到北数千里之间，发现能够推行皇帝法令，明晓轻重缓急、为国为民、尽忠职守的官员极少，贪赃枉法之徒却是数不胜数。而能够结合当时实际情况参合圣人之道提出合理的变革之法的人，常常一个郡里都找不出来一个。所以说，没有体会皇帝恩德并加以推广的人才，成为变革的最大障碍。往往皇帝下了一道有利于百姓的圣旨，上面官员尚且不能把皇帝恩泽推行及民，下层的小吏更是歪曲圣意，耍奸使滑，反使百姓受害，皇上虽有意为善，变革又如何能够进行下去？

为什么三皇五帝之时，有那么多的人才，而当时却人才极少呢？王安石以古时兴衰交替之时的情况为例，指出人才

大道独行 王安石

是需要通过帝王陶冶而成的。具体说来，就是用正确的方法培养、管理、选拔、任用官吏。对这四方面，王安石又分别进行了详细的解释。

培养人才方面，王安石指出，古时的天子诸侯，从国都到乡党都设有学堂，大量任用教人向道的先生，而这些人的选拔任用都非常严格。所教的内容也都是可以用来治国安邦的，如礼乐、刑政等。能够为国家所用的学识才是应该大力推广的；反之，如果只是为了应付考试，或增加个人文采而不能为国家所用，这样的知识则没有必要去教。

在管理方法，王安石认为，应该给官吏较高的俸禄使其能够不因清贫而起贪鄙之念，同时用礼来约束他们，依法来制裁不遵循礼的人。大抵人要是穷困潦倒，就会被周围的人看不起，自己也会产生自卑。为了改变这种状况，就会不顾廉耻，做出不法之事。圣人明白人性如此，所以就给官吏较好的待遇，使其有足够的钱财应付日常开支，并能为子孙留下遗产，解除后顾之忧，这样，大多数官吏就不会把心思花费在如何获得钱财上。但是，如果给了官吏优厚的待遇，却不加约束，就会加速他们的腐败。以礼约束，若不守礼，就施以严惩，才能够令行禁止，国家大治。

选拔人才方面，需要从下而上经过层层筛选。然后根据其德行大小、才能高低给予合理的任用。选拔人才不能够只靠耳闻目睹，听过了举荐之人的称赞，见识了其言谈举止外，还要通过实际工作对其进行考验。但是，天下之士那么多，皇帝不可能全部自己考察官吏，也不可以只依靠一个人，所以，需要先考察出德才较高的人，委以重任，然后令其按照他的标准通过长期考察选拔出同类人中有才能的向上推举，皇帝再对这些人委以官职。符合皇帝要求的人才就会越来越多了。

任用人才方面，王安石指出，不同的人才能品德高下也不相同，所以，可以胜任的职位也不同。"知人善任"，把人才放到适合他才能的位置上，德高望重的人为长，德行稍下的为助手。长期下来，长官对所负责的情况了如指掌，下属又能安分守己听从领导。贤能之人能够做成事，真才实学能够展示出来，无能之人也可以显现出来，受到罢黜。在这里，王安石其实已经指出了宋朝频频调动官员将领的弊端。

解释之后，王安石又结合当时的实际情况，具体分析了宋朝选人用人在这四方面都存在问题，因而导致人才匮乏。其中有针对性地提出了解决办法。

这份万言书，主要讲述的是用人问题，后人对其评价很高。明朝茅坤说："此书几万余言，而其丝牵强联，如提百万之兵，百钧考部曲，无一不实。"洋洋近万言，却一气呵成，条理清晰，举重若轻。其中所举又尽是实情。清代方苞说："此篇只言一事，而以众法之善败经纬其间，义皆贯通，气能包举，遂觉高出同时诸公之上。"可以说，茅、方二人的评价还是比较中肯的。

然而，遗憾的是，宋仁宗并没有接受王安石的建议，只是给了王安石修起居注的任命。仁宗信任王安石的人品和才干，却并不听从他的主张，并非是仁宗昏聩无能，"庆历新政"的失败，早已使仁宗认识到变法的阻力有多么巨大，自己是有心无力了，能够维持现状就不错了。想来仁宗的心里也是充满悲凉的吧。

大道独行 王安石

判"斗鹌案"

嘉祐末年,王安石任知制诰期间,奉命在纠察司纠察京城的重案。争议重重的"斗鹌案"就发生在这时候。

古时候,民间的娱乐生活也是丰富多彩的,斗禽便是很有代表性的一类,如斗鸡、斗蟋蟀、斗画眉、斗鹌鹑等等。这些活动往往不只为了观赏,还会涉及巨额赌注。所以,一些贵族子弟,为了得到一只好的斗禽,不惜花重金购买,很多人赖以为生。

斗鹌鹑发源于山东省枣庄市薛城区,在唐朝时就已经比较盛行。不管是民间还是宫廷,都喜欢饲养鹌鹑取乐。唐玄宗时,西凉曾进献鹌鹑,可以随着金鼓节奏争斗。在民间,农民们闲暇时斗鹌鹑,只是为了消遣,多在初冬的时候进行,所以又称"冬兴"。官宦之家、纨绔子弟斗鹌鹑则多为赌博。

汴梁乃是宋朝的都城,天下繁华聚集处,各种奇巧之物无所不有,斗鹌鹑自然也不例外。当时,有一个少年,偶然得到了一只非常善斗的鹌鹑,视为珍宝。经常在一起斗鹌鹑的伙伴们知道后,都非常羡慕,想向他借来玩玩。有一个伙伴便去请求他,但鹌鹑的主人哪里舍得,无论对方怎么说好话都不肯答应。来借的人就要赖,强行把鹌鹑拿跑了。鹌鹑的主人追出去,恼怒之间,动起了手,争斗之中,一脚踢在了那个人的肋下，竟然把对方踢死了。

闹出了人命，自然会惊动官府。开封府得到消息后，下令把鹌鹑的主人逮捕归案，按照"杀人偿命"的例律，这个少年应该被判死刑，以命相抵。涉及死刑的人命大案要先向纠察司请示定夺，当开封府府尹把案卷拿到纠察司录问时，却受到了王安石的反驳。王安石仔细看后认为，按照国家法律规定，不经人许可，不管是公然拿走别人的物品还是私下偷偷拿走，都是偷盗。在这件案子中，鹌鹑的主人明明不许死者借走鹌鹑，而死者却强行拿走，可以说与强盗没什么两样了。如此，鹌鹑的主人追上他并殴打他，乃是抓贼，虽然打死了他，却不应该追究责任，开封府定他死罪是不正确的。

开封府的官员不服王安石的论断，在下面审好案子，仍以死罪给鹌鹑的主人定罪。后来，案件由大理寺详定，最终按照开封府的审断结案。如此，便是否定了王安石的判断，断案不明便是过错，但是皇上下旨不予追究王安石的责任。按照规定，这是属于皇上的格外开恩，王安石需要到殿门谢恩。但固执的王安石却坚持认为自己的判断并没有错，既然没有错，又何须皇上法外开恩"放罪"？所以不去谢恩。御史台及合门下书催促他，王安石始终不予理会。御史台的台司因此上奏折弹劾王安石，说他目无君上。仁宗皇帝本是对王安石颇有好感的，又因为王安石名动朝野，所以，并没有治他的罪，这件事也就不了了之。王安石最终也没有谢恩。

先不说王安石的执拗，单就这件案子来看，至今也仍是充满争议的，该不该判死刑各有各的理。我们只惊奇，把强

夺别人财物的人定为强盗窃贼，被打死活该，不知千年前的王安石如何会有如此激进的观念？就是放到现在，国家也不敢出台如此法令，顶多有个"自卫"从轻处罚，而且又对"自卫"作出了种种限制，好像非要等到原本是受害的人不出手就得死的最后一刻才能算。

其实，就笔者看来，如果对于引起争执的一方给予更为严厉的制裁，会减少很多犯罪。比如，口角引起的争斗，小偷被主人发现引起的争斗等等。国家出台不久的"行贿罪"，已经有些接近王安石的思想了。若没有行贿的人，哪来的受贿的人？不要总觉得受贿的人如何如何的可恶，他们还不是被那些行贿的人惯出来的？把行贿与受贿同罪论处，才算公平。但要真正杜绝贪污受贿，关键还在于一个执行的问题，受人性限制，几乎没有可能。

不管怎么说，王安石的论断还是给后人提供了一种借鉴的，不能够片面地进行否定。而他坚持己见，连皇帝的账也不买的个性更是皇权统治下的一抹亮丽风景。

第三章

变法奇人

神宗即位

嘉祐八年（公元1063年）宋仁宗去世，仁宗侄儿赵宗实继位，为宋英宗。英宗在位仅4年的时间，也因病去世。英宗的长子赵顼继位，便是宋神宗。神宗是中国历史上杰出的帝王之一，虽然他并没能从根本上改变宋朝积贫积弱的局面，营造出一代盛世，但他的锐意进取还是非常值得后人称道的。王安石变法也是宋神宗的变法。

治平四年（公元1067年），宋英宗的生命将要走到尽头了，当时英宗年仅36岁。他本是想有所作为的，但是却苦于身体疾病，又受到曹太后制衡，一生郁郁不得志。韩琦、曾公亮等一班老臣围绕在英宗床前，眼见英宗已经没有了气息，急忙差人速传太子赵顼前来。正在此时，或许是心有不

甘吧，英宗的手却忽然动了一下，大臣们看得明明白白，一时间都乱了方寸。

一向与韩琦不和的曾公亮此时也忘记了二人的嫌隙，看着韩琦商量道："还是且慢唤太子来即位吧，如果皇上醒来那可如何是好？不如先等等看。"还是韩琦老成持重，想一想，说道："国不可一日无君，皇上生死不明，但太子即位却是耽误不得的，只管按原定计划，万一皇上活过来，就尊为太上皇。"众人一听，心里顿时安定下来，如今也只有这个方法了。

事实上，英宗再也没有醒来。治平四年（公元1067年），太子赵顼，也就是宋神宗继位，年仅20岁。但是，正可谓有志不在年高，年纪轻轻的神宗却是一位有大志向、大魄力的君王。

神宗天性好学，常常废寝忘食，英宗怕他累坏了，不得不经常派人督促他休息。神宗听先生讲课，非常恭敬，大夏天常常流汗不止，也不让侍从用扇，影响先生授课。

神宗和王安石很像，都是不拘于流俗之人。神宗读书也很广博，诸子百家都会认真去读，有自己的想法和偏好。他曾把《韩非子》工工整整地抄录下来，不巧被侍经官孙永看到，孙永当即劝诫他应该学习儒家正统思想，神宗不以为意，但为了免去惹人注意，只好私下里研读。

神宗在即位前便对当时的局势非常关注，对于宋朝屡受辽和西夏胁迫深感羞辱。他曾经穿着战甲去见祖母曹太后，表达自己抵御外侮的决心。曹太后夸赞了他的飒爽英姿，却劝他不要总想着打仗的事情，如今是守成之时，不要使百姓遭受战争之苦。曹太后的意思似乎并不认为每年送给辽和西夏那么多的金银财宝，并和他们称兄道弟有什么丢人。只要能议和，其他的无足轻重，不要想着去把他们征服。神宗听后，虽然没有反驳，心里却满是失望。

富国强兵，一统河山是神宗的理想，他很崇拜唐太宗李世民，想建立像李世民那样的不世功勋。而且神宗也是一个果敢有为的人，他很自信，一旦自己有了施展才能的舞台，必然要有一番作为。这从他即位之初办理英宗丧事上便可以看出。

宋朝国库空虚为历朝之最，至治平二年（公元1065年）亏空已达1570多万缗。仁宗皇帝崇尚奢华，曾规定帝王去世后，除了皇陵、丧礼要办得风风光光外，还要对百官和京城的守兵赐羊酒。韩琦认为，应该按照仁宗的定制办理英宗后事，不能失了孝道。曾公亮等人则认为应按实际情况考虑，如今不比仁宗时富有，应该能省则省。双方各执己见，争执不下，大家都把视线转向了神宗，想要看看这位刚刚登上皇位的年轻帝王怎么处理。神宗说："先帝生前一向推崇俭朴，死后的丧事不应办得过于奢华。国家4年来遭遇两次大丧，如今国库空虚，民生凋敝，我看就尽量从简吧，能免则免。"

韩琦见神宗驳回了自己的意思，有些不甘心，继续进言："陛下，财用事小，国体事大。历代君主之葬都有定制，这是礼仪所关。朝廷上下都在拭目以待，如果过于简省，恐怕天下人民以为陛下于孝道为不尽。"

"百行孝为先"，在崇尚礼治孝道的古代，拿"孝"来说事，神宗似乎只能依照旧例了，群臣都沉默下来。

神宗却没入韩琦的圈套，从容应道："定制不是不能改。

大道独行 王安石

量体裁衣，因时为用。如果竭天下之力以厚葬，万一辽夏犯边，怎么对付？如果江山不固，那我岂不是更不孝吗？"

神宗显然比韩琦更有高度，国家安危自然是比一时的虚荣更重要。神宗敢于挑战世俗，不被大臣所左右，又机智过人，有胆有识，宋朝自真宗以后，到神宗这里才开始显现出新的风貌了。

神宗即位后，"思除历世之弊，务振非常之功"，想要把宋朝这么多年来积累下来的弊病清除，建功立业，一雪受外敌欺凌的耻辱。但是，神宗很清楚，要想改变现状，没有得力大臣的支持是不行的。他需要选一些与自己志同道合的臣子共同实现富国强兵的宏图大业。

神宗先考虑的是现在朝中的一些大臣。韩琦、富弼、司马光、文彦博、吴奎、吕诲、唐介等。他曾经广泛征求大臣们的意见，希望能够找到与自己意见相合的人。结果却是失望。比如，他向富弼表达富国强兵的远大理想，询问富弼边防的变革之事。富弼却劝他，皇上你才刚刚登基，根基不稳，应该遵守祖宗之法实行仁政文治。希望您十年之内都不要提起兵事。这样的话，在一心想有所作为，尽快实现国富兵强的年轻帝王听来，是多么的不舒服。十年？太远！等不了。

神宗也是一个特立独行的人，认定的事情不会太在意别人的看法。韩琦、富弼等人已经老了，思想僵化，年轻一些的虽有改革之心，却并不能委以重任。例如，神宗刚即位，就有大臣刘述、张方平等人上书讲当时国家形势已经到了非救治不可的地步，必须进行改革才能解天下之困。支持变法的大有人在，然而，多是理论上说得好，真正能够与神宗思想相吻合，结合实际情况把变法事宜系统地考虑清楚，并能推行下去的人才却是极为难得的。

例如，司马光也是支持变革的，他的《衙前札子》就体现了变革愿望。神宗询问司马光治国之要，司马光说："微臣认为修身有三个要素：仁爱、明智、勇武；治国也有三个要素：用贤人、赏必信、罚必严。"话是没有错，但是书生意气太重，实际意义不大，恐怕也是撑不起大局的，不是自己最理想的人选。

神宗自小生活在帝王之家，实践经验也是很少的，他需要一个见多识广又支持变法的人来为他主持大局，司马光不能完全胜任。神宗心里还有一个人选，这个人就是王安石。

越次入对

王安石的名气太大，神宗皇帝想不知道都难。在他还是少年时期就已经熟悉了王安石的道德文章。他的侍读官韩维是王安石的朋友和忠实崇拜者。韩维认为王安石几乎是古今第一人，他的言行都可以用来当做天下人的楷模。所以，韩维在给神宗讲解经义时，经常引用王安石的观点。神宗一听到精彩处，常常赞不绝口，韩维也是个很实在的人，总会告诉神宗："这么精辟的见解不是我想出来的，而是我的好朋友王安石的观点。"

神宗对王安石一直是心存渴慕的。不能说是因为韩维等

大道独行 王安石

人的称赞才使得神宗对王安石有好感。要知道,神宗是个很有见识的人,凡事他都有着自己的看法,绝不会听信片面之词。他之所以看重王安石,是王安石的话往往能说到他的心里去,与他不谋而合。韩维等人对王安石的推崇不过是让神宗更多地了解王安石,从而找到两人更多的思想契合点。

神宗刚即位,召见群臣之前,先接见自己当太子时身边的近臣。等到众人离去时,单独留下韩维,向他询问王安石的消息。韩维告知王安石此时正在金陵。神宗问:"如果我召他出来为国效力,他肯来吗?"韩维说:"王安石向来有经世之志,不是甘愿默默无闻终老山林的人。如果您以礼相待,召他出来,正符合他的志向,他又怎么会不来呢?"

韩维的话也说明了王安石以前屡辞征召,并不是他不想到京城做官,只是时机不到。

神宗听说王安石肯来,很高兴,对韩维说:"你可以先给王安石写一封私信,说明我的意思。"韩维说:"如果是这样的话,王安石肯定不会来。"神宗不解:"这么做有什么不妥吗?"韩维说:"王安石平日里总是按礼法道义做事,如果您想要任用他,却先让人以私信的形式表达意思,他怎么肯马上就接受呢?这不符合他的做事方法。不过,皇上您也不要担心。王安石的儿子王雱现正在京城,和为臣多有往来。我把您想重用王安石的意思告诉王雱,他必然能尽快转达给王安石。"

神宗点头称好。王安石这才知道神宗皇帝对他的礼遇眷属之意。

在王安石因母亲去世回江宁以后的这段时间里,他专心兴办学校,收徒讲学,陆佃、龚原、李定、蔡卞等人都是他的学生。

治平四年（公元1067年），神宗皇帝的诏书到了江宁，任命王安石为江宁府知府。因为王安石之前推辞朝廷任命的次数太多了，英宗在位时也曾多次召他为官，他都没有听从。所以，这一次，众人都以为王安石也不会接受任命。然而，大家都想错了，王安石接到诏书之后，二话没说，就去江宁府上任了。事实上并不难理解，王安石是与神宗一样有远大志向的人，行大道于世，矫世变俗一直是他的理想，他不会甘愿只做个传道之人，还要做个行道之人。神宗是他最后的希望。而从王安石父子与韩维的交往看来，神宗的年轻有为、锐意进取王安石是不可能不知道的。神宗正是适合王安石的帝王。不管从哪个方面来说，这一纸诏书，王安石都是会接受的，他甚至不屑于为了迎合大众的心理稍稍客气一下。他的这种个性与宁可躲进厕所里也不接受为仁宗修起居注时本质是相同的。

熙宁元年（公元1068年），神宗皇帝召王安石入京，王安石又是毫不犹豫地接受了。所有人心里都很清楚，王安石这次将会受到重用。一些看不惯王安石耿介作风或敬畏他的人就开始诋毁他，说他沽名钓誉，说他心机深沉等等，王安石均不予理会。

四月，王安石一到京城，就受到了神宗的接见。因为王安石只是一个地方知府，按规定，要见皇上需要经过很多手续，也需要花费很长时间。但神宗下令，所有程序一概免去。所以，这一次意义非凡的君臣会见史称"越次入对"。

金碧辉煌的大殿之上，龙椅上端坐着年轻的神宗皇帝。他望着刚刚走进来的一个中年人，心情略有些激动，这就是

大道独行 王安石

自己寄予厚望的王安石啊！年近50的王安石，面容消瘦，脸上已多是皱纹，但那双眼睛却非常有神，透着自信与果断。神宗暗暗点头。例行的拜见之后，神宗给王安石赐了座，开口便道："朕早听闻爱卿大名，知道你学识渊博又素有大志。如今，我登基不久，很多事情还不甚明白，希望爱卿能够不吝赐教。不知爱卿以为如今治理国家应该先从哪方面着手？"

王安石早就做好了充足准备。如今见皇上一上来就问治国之道，显然非常激动，自己终于得见明主了！于是直言："择术为先。"也就是说，要先选择施政方法。一样的国家，选择不一样的治国方针，所得到的往往是截然不同的结果，而所有的政策的实施也都根据所选择的治国方针而定。

神宗一听，果然不同凡响。若是常人，往往会按照"修身齐家治国平天下"的思想告诉自己要如何的修身养性、勤政爱民。王安石却不落俗套，直指问题的根本。谁说王安石为人迂阔？他才是真正的实干家，自己果然没有看错人。

针对"择术"的问题，两人又进行了深入的探讨。对于当前国内最急需解决的两大难题，财政与民生，王安石均给出了独到的解决方法。

神宗越听越高兴，觉得有王安石这样的人才辅助，太平盛世亦是指日可待。于是问道："爱卿认为唐太宗怎么样？我能达到他那样的水平吗？"

王安石答道："皇上您应该以尧舜为榜样。唐太宗并没有太多的远见，所作所为有很多并不完全符合圣人之道，不值得如此看重。尧舜的治国之道，后人不能够完全体会其中深意，常常以为太过高深，很难做到，其实，那是一种误解。尧舜的治国之道才是最简单扼要容易效法的。皇上您有如此雄心壮志，就是达到尧舜的高度也不是难事啊！"

神宗笑道："爱卿拿尧舜来要求我，真是难为我了。我知道自己才疏学浅，恐怕做不好，难以令你满意。还请你能够竭尽全力来辅助我，我们君臣同心，或许能够有一番作为。"

不知不觉间，时间已经过去了很久，神宗兴致很高，丝毫没有注意到天色已晚，还在问王安石宋朝开国百余年，天下太平的原因。王安石见侍者已经掌灯了，不敢多做停留，影响皇帝休息，于是简短作答后，说回去后专门作一札子详细回答皇上的提问。神宗这才意识到已经太晚了。笑道："听爱卿教导真让人欲罢不能啊，不过我们来日方长，今天就先到这里吧，爱卿早些回去歇息吧。"

可以说，这次会面君臣尽欢，神宗把王安石看做良师益友，王安石也深深感激神宗的知遇之恩，这两个有着相同理想和抱负的人终于走到了一起，要给宋朝带来翻天覆地的变化了。

争议重重

王安石接受神宗召见的第二天，就呈上了著名的《国朝百年无事札子》。透彻分析了当时教育、用人、民生、军事四方面存在的弊端。最后指出，"天命不可常恃，人事不可常怠。则大有为之时，正在今日！"神宗看后，非常赞同，已经决定重用王安

大道独行 王安石

石推行变革了。但是，要任用王安石并不是一件轻而易举的事情，而是面临着重重阻力。

王安石不只在后世备受争议，在当时人们对他的看法就已经形成了两个完全对立的阵营。王安石的才学和德行是毫无疑问的，这一点所有人都已达成共识。争议是在王安石的变革思想上。让王安石做一大官，自然可以造福一方百姓，但若让他成为一国宰相，他必然会按照自己的思想变革种种现存法制，在全国范围内造成极大变动。而且王安石为人耿介，痛恨贪官污吏，并固执己见，与现实格格不入，很多人都觉得与他难以相处。让这样的人当上司，争议可想而知。

曾公亮认为王安石文才学识俱佳，德行纯粹，理应被委以重任，力荐王安石。神宗的任读官余安也说王安石文章品行闻名天下，又有大气魄，深受读书人的景仰，如今天下积弊太深，正需要这样的人来振奋人心。欧阳修、司马光、文彦博、韩维等人也对王安石多有赞赏。与王安石同榜进士的韩绛，当年的探花郎面对神宗无人推行新"差役法"的苦闷，对神宗说："皇上您虽然励精图治，但朝中之人多是平庸之辈，难以与您共成大事啊！"韩绛举荐的人就是王安石，而且说虽然自己当年比王安石高一名次，但论真才实学远不及王安石，朝廷若不重用王安石，实在是朝廷的一大损失啊！

支持的大有人在，反对的也为数不少。在王安石第一次接受神宗召见，君臣相谈至黄昏以后，京城里就开始流传出各种各样不利于王安石的言论。例如，有人说，当时著名的易学家，能"观天地之运化，知阴阳之消长"的邵雍先生，

3年前便已经预知今日之事。有一天，邵雍在洛阳天津桥上听到有杜鹃的叫声，当即显得不高兴，连声叹气。身边的人问他为什么如此忧愁。邵雍说："北方原本没有杜鹃，如今这鸟却出现在天津桥上，恐怕不是吉兆啊！"接着又解释说："鸟类的生活习性受地气影响。杜鹃北迁，说明南方的地气会向北移动。根据以往的经验。如果天下将要大治，地气就会从北向南，如果将要大乱则会由南向北。看来不出几年，我大宋朝就会有灾难了！"不管邵雍的本意如何，有些人已经认定邵雍的预言是应在了王安石的身上，让他当政必然会导致天下大乱。

还有更早的传说，说还在王安石任鄞县县令时，包拯被任命为参政，还是州官的李承之和众人在大厅里听到门人报这一消息，有人说："包拯一任参政，朝廷从此就不得安宁了。"李承之说："包拯没有那么大的能耐，如今鄞县县令王安石眼睛白多黑少，很像东晋初期的权臣王敦。以后使天下大乱的人，乃是王安石。"

这样的传说有很多，但大多是后人虚构，经不起推敲。如，若按传言中邵雍的理论，南人当政就属于地气北移，那北人南下，宋君南渡该属于地气南移，要天下大治了，事实却是金国南下大肆掠夺，导致北宋灭亡，南宋小朝廷只能偏安一隅。

若说李承之有过那样的说法，也令人难以置信的。一是此时距"熙宁变法"太远，二是李承之也是后来参与"熙宁变法"的重要一员，很受神宗和王安石的器重。变法机构"三司条例司"就是神宗皇帝按照李承之的具体建议设立的。而且单从那话中看，几乎是把王安石和包拯归于一类了，而

大道独行 王安石

且相对于包拯，王安石是有过之而无不及。我们都知道包拯是以铁面无私著称的，包拯任参政，那些不法之徒就会受到严惩，该杀头的杀头，该流放的流放，自然是"不得安宁"了。王安石要改变现状，天下法令必然多有变革，也是属于这种使天下人"不得安宁"了。

这些传说不足为证，但当时反对王安石当政的人确实有。例如礼部侍郎吴奎说，王安石是个典型的书生，做事不知变通，固执己见，如果被重用，他的做法很难被大家接受，必定造成朝堂混乱。老臣韩琦和神宗近臣孙固认为，王安石做个翰林学士或是谏官还是绰绰有余的，但他的气量不足以做宰相。

从这些言论中，可以看出，反对王安石当政的一个重要原因就在于王安石的个性。俗话说"宰相肚里能撑船"，其实也就是说做宰相的要有容人之量，懂得左右逢迎，使大臣们能够和睦相处。但王安石的个性太刚直，他认为对的就坚持到底，听不进别人的不同意见，他认为不对的就坚决抵制，不肯与众人同流合污。让别人不舒服，别人又怎么会让你好过呢？

这些确实是实情，中国的官场向来如此，真正有思想有高度的人总是显得落落寡合。

为了任用王安石，神宗皇帝是用了一番大力气进行调查的。其实，神宗不只是在调查王安石在众臣子心目中的形象和是否适合主政，也是在调查变法的难易程度。综合了各方面言论，又与王安石有了多次接触之后，神宗心里已经大概有底了。

知府不可能直接出任宰相，神宗先任命王安石做了翰林学士，负责为皇帝讲学。同时，司马光也被任命为翰林学士，这不能不显示出神宗的少年老成。王安石较为激进，司马光较为圆通，但两个人都德才兼备，令神宗放心，更为重要的是这两个人都主张变革，虽然在变革的侧重点上有所争议，但只要力主变革就可以了，最后还不是由神宗自己决定。神宗是偏向于王安石的，但也需要有一个司马光来堵众人的嘴，缓和矛盾，减少任用王安石的阻力。

变法的序幕就要拉开了。

千古革新

熙宁二年（公元1069年）二月十三日，神宗下旨，任命翰林学士王安石为参知政事，即副宰相，开始着手推动变法。这次变法从熙宁二年开始，围绕"富国强兵"的目标，陆续实行了均输、青苗、农田水利、募役、市易、免行、方田均税、将兵、保甲、保马等新法。到元祐元年（公元1086年），司马光当政，实行"元祐更化"尽废新法，实际历时11年。其中，新法颁布与实施主要在王安石执政的9年间，王安石又是除神宗外最高的领导者，所以历史上把这次变法又称为"王安石变法"。

神宗起用王安石，所有人心里都清楚，神宗的目的就是要进行变革。当时宋朝最突出的问题就是"积贫积弱"。"积贫"并不是说天下百姓都贫困得吃不上饭，而是主要体现在

大道独行 王安石

国家财政入不敷出上。宋朝的经济非常发达，尤其是地处京畿重地的汴梁，繁华程度不仅超过了以前的朝代，而且在当时全世界都找不出第二个来。但是，宋朝的国库却亏空严重，到神宗即位时，连英宗的丧事是从简从繁都要因为经费问题而引起争议，其他各项开支更是可想而知了。

而"积弱"则体现在宋朝的军事力量异常薄弱上。在与辽和西夏反复百年的战争中，宋军经常是胜少败多。根据历史记载，宋朝的士兵，步兵连队列都站不好，骑兵连马都上不去，更有很多经常出入酒馆市集，吃喝玩乐，穿的衣服，言谈举止一点都不像当兵的。赵匡胤为了防止后来有人效仿他也来一次"陈桥兵变"推翻赵宋王朝，制定了"更戍法"的祖制，军队将领调动频繁，导致"将不传兵，兵不识将"。这无疑是导致军队纪律涣散的一个重要原因。

针对这两大现实问题，神宗和王安石把变法的重心放在了"富国强兵"上。

要实行变法，必须要有一班人马，全力负责此事。所以，王安石首先设立了"制置三司条例司"，作为变法的机构。宋朝的财政原本由三司（度支、盐铁、户部三个财政部门）掌管，宰相、枢密使不能参与，造成"兵、财、民"三权分离。而王安石的"制置三司条例司"位于三司之上，成为当时最高的财政机关，由王安石和知枢密院事陈升之主持。"制置三司条例司"主要负责调研和统筹规划全国经济，制定和颁布变法条令。于熙宁三年（公元1070年）五月并入中书省，中书五房和司农寺成为变法新的决策机构，由王安石直接领导，新法以司农寺名义进行发布。

"制置三司条例司"成立以后，王安石开始吸收变法的

有识之士，广泛征求各方意见，并选派刘彝、谢卿材、侯叔献、程颢、卢秉、王汝翼、曾伉、王广廉8人，到各路"相度农田水利、税赋、科率、徭役利害"，以便根据实际情况制定新法，有效革除弊端。

熙宁二年（公元1069年）七月以后，新法陆续出台，这场千古革新开始在全国范围内开展起来。

"均输法"是新法的第一条法令，由王安石策划，吕惠卿起草。这项法令并不是王安石等人首创，早在西汉时，桑弘羊就曾经试行过，唐朝在各郡都设有均输官。其目的在于"敛不及民而用度足"，就是说，根据实际需求征收各地贡品，能够满足朝廷的用度，又不造成积压。因为当时的贮藏条件毕竟有限，很多收上来的贡品用不着全都积压在仓库里，长达几十年甚至几百年，好好的东西都放坏了。王安石的"均输法"则是把这种毫无规划的征收改为征收加采购，由发运使详细调查库存和需求，以及各地的供应情况，如果供应不足，可以直接在产地采购，如果供应超出所需，就把多余的卖掉。如此一来，在保障需求的同时，减少了积压，又增加了财政收入。据初步推算，仅这一项措施，就可以每年节省三分之一的供应费用。薛向任发运使后，又对运输方法进行了改革，雇佣民船，实行责任制，杜绝了押运官吏徇私舞弊，偷盗贩卖官物的旧习。

熙宁二年（公元1069年）九月，"青苗法"颁布，先在河北、京东、淮南三路进行试行，而后推向各国。"青苗法"是王安石变法中一项重要内容，因为关系国计民生，所以王安石非常慎重。考虑到实际运行过程中可能出现的问题，王安石曾经犹豫过，但最终还是决定实施这一新法。"青苗法"

大道独行 王安石

规定以各路常平仓、广惠仓所积存的钱谷为资本，如果市面上粮价较高，就拿出存粮，以较低价出售，如果市面上粮价较低，则以较高的价格向百姓收购粮食。这是属于政府在粮食上的一种调控，可以平稳粮价，抵制不法商人盘剥百姓。另外，每年在需要播种和夏、秋未熟的正月和五月，分两期借贷给农民钱物，也即"青苗钱"，加收两分利息，农民收获后随税收归还。"青苗法"在具体实施的过程中果然出现了诸多问题，是王安石变法措施中争议最大的内容。

"募役法"又称"免役法"，熙宁三年（公元1070年）十二月，由司农寺拟定，先在开封府地界试行，同年十月颁布全国实施。免役法废除了原来按农户等级轮流充当州县差役的"差役法"，改由州县官府自行出钱雇人应役。所需费用，由民户按户分摊。原来不用负担差役的女户、寺观，也要缴纳半数的"助役钱"。"募役法"增加了差役的稳定性，重要的是，保证了农户的耕作时间，同时也增加了财政收入。

熙宁四年（公元1071年）八月由司农寺制定《方田均税条约》，规定：每年九月，由县官组织人手在全县进行土地丈量，按照土壤肥瘠程度把田地分为五等，依此为据制定税收数目。"方田均税法"清出了豪强隐瞒的土地，增加了国家财政收入，也减轻了农民负担。

熙宁五年（公元1072年）三月颁行"市易法"。由政府出资100万贯，在开封设"市易务"（市易司），收购商贩滞销的货物，等到市场缺货的时候再卖出去。同时向商贩发放贷款，以财产作抵押，5人以上互保，每年缴纳利息两分。用以平抑物价，促进市场流通，增加财政收入。"市易法"与"青苗法"在理论思想上是相通的，只是针对人群不同。

"农田水利法"即在各地兴修水利工程，用工的材料按农户等级分派。若是较大工程，不足部分可向政府贷款，利息一分，如一州一县不能胜任的，可联合若干州县共同负责。

熙宁三年（公元1070年）实行"保甲法"，司农寺制定《畿县保甲条例》颁行。规定乡村住户，每五家组成一保，五保为一大保，十大保为一都保。保丁从有两丁以上的农户中出，农忙时耕种，闲时参加军训，战时应召入伍。以其中最富有的保丁担任保长、大保长、都保长。

"裁兵法"：整顿厢军及禁军，规定士兵50岁后必须退役。对士兵进行考核，禁军不合格者改为厢军，厢军不合格者改为民籍。

"将兵法"又叫"置将法"：自熙宁七年（公元1074年）始，在北方各路陆续分设100多个驻军单位，每单位设正副将各一人，选派武艺高强又有战斗经验的军官担任，负责本单位军队的训练，凡实行将兵法的地方，州县不得干预军政。将兵法的实行，废除了北宋初年定立的"更戍法"，提高了军队的战斗素质。

"保马法"即政府为鼓励西北边疆人民代养官马而设立。凡是愿意养马的，由政府供给马匹，或政府出钱让农民自己购买，每户一匹，富户两匹。养马的农户可以减免一部分赋税，但如果所养的官马病死，需要赔偿。后来因为瘟疫流行，死了不少马匹，反加重农户负担，"保马法"被废止，改行民牧制度。

"军器监法"：熙宁六年（公元1073年）八月广设军器监，负责监督制造武器，并且招募工匠，致力改良武器。

"贡举法"：王安石认为，如果要在全国范围内规范道德行为，需要通过学校教育，而为了使读书人"学以致用"，现行的"贡举法"就要进行改革。因此，熙宁三年（公元1070年）三月，在对进士进行殿试时，不再像以往按诗、赋、论取才，而是考察时务策对。颁布新贡举制，废除明经科，专以进士一科取士。另外增设"明法科"，考察律令和断案。

"三舍法"：熙宁四年（公元1071年）十月开始在太学中实行。把太学分为外舍、内舍、上舍三等，外舍2000人，内舍300人，上舍100人。官宦子弟可以免试入学，平民子弟需要通过考试。通过学校教育选拔人才，"上等以官，中等免礼部试，下等免解"，学生在"三舍"中的表现成为选官的依据。后来地方官学也推行此法。

王安石变法是一个系统的变革，内容涉及很广，以增加国家财政收入、强化军队、选拔人才为主要目的，在某些方面取得了很大成效，给宋朝带来了很大的变化。

"三不足"论

"天变不足畏，人言不足恤，祖宗不足法"，如此大气磅礴，勇于挑战世俗的言论正始于王安石。可以说，这句话极为精辟地概括了王安石的执政思想，也反映出王安石独特的人格魅力。后世对这句话的评价很高，不只统治者拿它作为座右铭，普通民众也把它看做最振奋人心的名言之一。

王安石一上台，就做出了种种令世人惊骇的事情。当年，王安石设"制置三司条例司"，就引起了朝野的争论。宋朝开国皇帝为了加强中央集权，分散大臣的权力才设立了"两府""三司"，中书主管民事，枢密院主管兵事，三司主管财务，互相制约，便于皇帝直接控制。但"制置三司条例司"却凌驾于中书、枢密院和三司之上，打破了现有格局，引起了守旧大臣的强烈反对。御史吕公著立即上书，说条例司名不正言不顺，破坏祖宗规矩，请求取消。受到神宗的驳斥后，又连连上书指责王安石，神宗无奈，只得把他的奏折压下来，不对外界公布。

等到王安石派刘彝等8人下去考察民情时，新一轮的攻击又来了。侍御史刘述上书说王安石任副宰相不到两个月就屡屡做出让人无法接受的事情，朝廷派人到下面考察前所未有，骇人听闻，满朝文武都认为王安石是个异端，请求皇上早日把他赶出朝廷。宰相富弼公开质问王安石，参知政事唐介也趁机指责王安石，说："你总说要学尧舜，请问尧舜之时有谁闲着没事大肆变更国法，随便设置国家机构！"

王安石见他顽固不化，就针锋相对地反驳道："我说的是效法先人的思想，难道尧舜时就有两府、三司吗？还不是后人根据形势设立的？如果不知变通，你们上朝时就应该穿着树叶编成的衣服了，那才是尧舜时穿的衣服。你们因循守旧，根本不理解先人的治国之道，没事就回去好好看看书吧！"

王安石的话说得也重，又引来众人的反驳，后来还是在神宗的调和下结束了这场闹剧。但唐介本来身患重病，回去后不久就死了，好事之徒就传说唐介是被王安石气死的。还

大道独行 王安石

给当时的执政班子起了个"生老病死苦"的称号,说王安石正生机勃勃,曾公亮老态龙钟,富弼动不动就装病不上朝,唐介被王安石活活气死,赵抃反对新法又无力阻止,整天叫苦不迭。

虽然反对者众多,但王安石不为所动,神宗皇帝又信任王安石,力主变法,所以,新法能够得以实施。然而反对派对新法和王安石的攻击从未停止过。

"青苗法"实施后,京城里开始流传一种说法,说最近发生在各地的异象频频,有的地方天上下黄土,有的地方地上长出毛,还有的地方天鸣地震,而这些都是因为"青苗法"不得人心,连上天都降异兆示警了。翰林学士范镇因此上书弹劾王安石,说王安石扰乱朝政,使得天怒人怨。

著名的理学家程颢也上书请求皇上多观察天意,注意用人做事问题。

在古代,人们对天象非常重视,朝廷设有专门的"司天监"等观察天象的部门。神宗心里有些犹豫,于是召来了王安石。

"王爱卿,你来看看这些奏章吧。"神宗指着桌案上的奏折对王安石说。

"是!"王安石心中已经清楚是怎么回事了,不过还是认真看完了奏章,然后把奏章放回原处。

"难道我们所做的真的让上天发怒示警吗?王爱卿怎么看待此事?"不等王安石说话,神宗已经开口问道。

王安石微微一笑:"皇上,您不用理会那些人的说法。天地运行自有其规律,与人事并没有必然的联系。"

"哦?此话怎讲?"神宗来了兴趣,这可是从未听过的说法呀!

王安石不慌不忙地解释道："皇上，尧和汤都是古代的圣王，这是大家都认可的。但是，尧在位时，水灾持续了 9 年，所以大禹才会为治水三过家门而不入，用尽了办法才治理好水患。汤在位时，也曾经大旱 7 年。难道这水灾和旱灾是因为尧和汤治国无方，上天示警吗？并无人这样说啊！"

神宗点头，确实如此。"可是，天人感应一说，自汉朝董仲舒提出来以后，人人信奉，难道他们都错了吗？"

王安石笑道："按董仲舒的理论，要是人君荒淫天下就会发生水灾，要是人君狂暴天下就会发生旱灾，那么，如果一个君主既荒淫又狂暴，那上天到底是降水灾呢还是降旱灾呢？"

神宗一听，也被逗笑了，坚定了变法的信念。

但是，王安石的说法传出后，外界一片哗然。变更祖宗之法，听不进他人意见，又无视上天降罪，这样的人不是异端又是什么？真是太可怕了！

熙宁三年（公元 1070 年），李清臣等人将要参加馆试，由司马光等人拟定考题。司马光就根据王安石的作为出了一道"策问"题："如今有人说，天地不足畏惧，祖宗之法不必因循固守，庸人之言也不值得理会。请对这种说法进行辩证。"

选题送到神宗手里，神宗一看就明白了这道题是针对王安石出的，想要引起天下人对王安石的口诛笔伐。为了保护王安石，神宗把这道题删去了，但却抽时间单独就这一话题问了王安石。

神宗说："听说外面的人都说，现在朝廷认为天变不足畏、人言不足恤、祖宗不足法，昨天翰林院又想以此为题选

拔进士。这话是你提出来的吗？"

王安石答道："皇上，这话我并没有说过。但是，这种观点我是赞同的。"

神宗问道："这话怎么说呢？你来给我详细解释解释。"

王安石道："臣认为天地运行，自有其规律，日食月食，都是自然现象，和皇帝的行为没有什么关系。天地之道，玄虚难测，可能皇上您并不能完全接受这一点。但是，流俗之言不足惧，却是毋庸置疑的。那些流俗之人，不学无术，看问题只从自身出发，没有长远的目光，所以对一件事，不同的人会有不同的看法。所以，想要成就大事，认准了就一定要坚持到底，等事情做过了，成败才能显现出来。如果什么人的话都听，左右动摇，那就永无成功的时候了。至于祖宗之法不足守，本来就是这样的啊。仁宗皇帝号称守成之君，在位40年，也屡次修订成法，何况陛下这样的大有作为的皇帝呢？"

听了王安石的解释，神宗清楚了。"天变不足畏、人言不足恤、祖宗不足法"，神宗一边细细品味着这几句话，一边在心里赞叹，多么激动人心的口号啊！成大事者本该如此！

虽然"天变不足畏、人言不足恤、祖宗不足法"最早并不是出自王安石之口，但因为最能体现王安石的变革思想，所以后世都把它看做是王安石的至理名言。

孔子说：正人君子有三件敬畏的事情，一是天命，二是地位尊贵的人，三是圣人的教诲。无知的人不懂得凡事皆由天命因果主宰，所以不知道害怕，不尊敬贤人，不听从圣人的教诲。孔子一直受古代读书人的尊崇，他的"三畏"理论也被奉为圣言。但是王安石的"三不足"论,却颠覆了这一传统,呈现出一种崭新的精神风貌。

千人围府

王安石变法,从一开始就遭到了重重阻力。朝廷势力分为两股,以王安石为首的变法派和以司马光为首的反对派围绕新法日日争论不休。新法虽然立意很好,但也存在许多弊端,下面的官吏在实施过程中,往往钻空子,使新法反而成了危害百姓的工具。

在推出"青苗法"之后,王安石等人把全部精力放在了"免役法"上。当时,宋朝下级府衙里,只有几名主要的官员是由朝廷任命的,但是那么多的事情需要处理,没有人怎么能行呢,于是国家规定当地较富有的农户要义务承担责任。例如下乡收取税收,向上面护送征收上来的财物、看管公物、送信、抓贼、抄写文书等等。

这可不是一个好差使,不仅没有工钱,而且完不成任务还要受到重罚。例如收不上税,就要自己出钱填补,押送的财物出了问题更是不得了,不杀头也得坐大牢。而且由于当时交通不便,大多依靠步行,从地方到京城要很长的时间。这样,被选中的差役就不能参加家里的劳动,给生产带来很大影响。没有人愿意做差役,政府只好强行摊派,由富户轮流来做。人们为了逃避这一差使,想尽了办法,有的隐瞒财

大道独行 王安石

产,甚至把田地给别人自甘贫困,有的早早分家,有的流浪在外常年不回家,更有甚者,因为家中只有一个男丁的情况下才可以免去差役,所以有的老人就自杀使儿子免于被征……

熙宁二年(公元1069年),有一个江南的差役负责押送货物上京,由于接收的库吏百般刁难,致使这名差役在京城滞留一年多,送给库吏几十两银子也没有交上差。最后,一怒之下,这名差役吊死在了汴河桥下,而他所负责押送的货物不过才值7两银子。此事发生后,在当时影响很大,废除差役法的呼声再次升高。

其实,差役法的弊端朝廷早已清楚,司马光、苏轼、苏辙等人都曾多次上书讲差役法给百姓带来的苦难。所以,对差役法的改革在朝野上下形成了共识。

针对这一问题,王安石等变法成员提出了"免役法"的方案。把无偿强行摊派的差役法变成按户等出免役钱和助役钱,由州县用这些钱雇人当差的"免役法"。这是中国历史上的一大进步。鉴于"青苗法"在制定过程中出现了一些考虑不周的问题,王安石、吕惠卿、曾布等人在"免役法"的制定上下了很大工夫,曾经7次改稿,希望能够把可能出现的问题都考虑到。"免役法"制定好之后,经过神宗批准,先在东京京郊地区试行一年,如果没有问题再向全国推广。

然而,考虑如此周详的"免役法"刚刚推出就引发了"千人围府"事件。

位于东京汴梁京郊的东明县,是"免役法"的试点之一。东明县的县令贾蕃是范仲淹的女婿、文彦博的门生。当时,范仲淹之子范纯仁反对新法,被贬出京城做地方官。贾蕃见妻兄被贬，恩师又受王安石压制，对王安石亦是怀有私恨。于是多次找文彦博，请求恩师出马阻挠王安石变法。文彦博清楚变法是神宗皇帝的主意，叮嘱贾蕃不要轻举妄动，慢慢等待机会。为了安慰他，举荐他到进奏院任职。贾蕃虽然升了官，但对王安石仍然是敌对态度。

此时，"免役法"的试行条令已经下达，在文彦博的授意下，贾蕃不急着赴任，却从"免役法"中找破绽动手脚。按照"免役法"的规定，四等户是不需要交免役钱的，贾蕃下令把四等户一律提升为三等户，征收免役钱。消息一公布出去，立马导致群情激愤，原来的四等户聚在一起纷纷抱怨新法害人。

"我们原来就是四等户，已经很贫困了，现在又把我们提为三等，交那么多免役钱，谁交得起啊！"

"就是！还有没有天理？还要不要人活啊！"

"我们去找知县评理去，凭什么把我们提为三等户？"

"对，找知县评理去，讨个说法，走！"

在几个胆大的村民带领下，百姓一齐涌到东明县县衙喊冤。县衙的人一见来人众多，群情激愤，不敢硬挡，只得按照贾蕃的交代对百姓们说："这法又不是我们定的，你们要想评理找上头去，到京城去闹一闹，说不定都给你们免了，一个也不用交，那不是更好吗？找我们有什么用？我们又做不了主！"

此时，贾蕃已经收拾行李去进奏院上任去了，百姓们见没有人主事，又受了衙役鼓动，冲动之下当即决定回去联合全县原有的四等户人家一起进京上访。

就这样，东明县几百个村民浩浩荡荡涌进了京城。

大道独行 王安石

村民们先来到了开封府,大概是因为都知道以前开封府是为民做主的吧。但此时的开封府早已不是包拯任府尹时的样子,开封府的官吏一见围上来这么多群众,个个怒气冲冲,似乎想要一口把人吞下去,早吓得惊慌失措。勉强维持住局面,问明情况,为了推脱责任,尽快让这些人离开,开府封的官吏对上访的村民说:"'免役法'是丞相王安石大人定的,我们也不知道,你们还是去找王丞相吧。"甚至还"热心"地指明了路。

于是,几百村民又一路喧哗着涌向了王安石家。

此时,王安石正准备上朝,村民们拦住了路,要向王安石要个说法。一干随从把王安石护在中间,想要挡住村民,让王安石脱身。王安石在最初的惊骇下已经平静下来,一看是些村民,忙止住随从,高声道:"大家安静下来!王安石在此!"

生性刚直的王安石自然有一副不怒自威的气势,村民们一见,不由得就停止了喧哗。

王安石见大家已经安静了,便开口道:"这么多村民集体来找我王安石,一定是有什么大事。但是吵闹解决不了问题。有什么事情,请大家派出代表和我说清楚,王安石一定给大家一个满意的答复。"

村民们慑于王安石的威严,不敢胡闹,私下小声商议,推出几个德高望重的人把情况说明。

听了村民们的诉说,王安石很生气,竟然有这样的不法之徒,利用新法害人!但是眼下安抚村民才是最重要的。

王安石首先问大家:"你们来这里,知县知道吗?"

百姓们纷纷摇头说不知道,来时的气焰已经全没了。

王安石说:"东明县下令提升户等的事相府不知情,但是私自提升户等是违法的。此事我一定会尽快查清楚,给大家一个交代。你们先回去等候消息。"

村民们见丞相大人说提升户等是违法的,心里都有了底,有丞相做主还怕什么,于是便都相约散去了。

王安石在这边处理上访事件,早有人把消息报告给了神宗。神宗皇帝召见王安石问道:"杨绘说司农寺胡乱评定户等,侵夺百姓利益,导致百姓上京控诉,可有这回事啊?"

王安石说:"杨绘所说并不是实情。一些人不过是认为法不责众,就算闹事因为人多也不会受到严惩,所以想要闹一闹,妄图不出助役钱。如果以后再有人因此闹事,可以不让他们出钱,而是仍按以前的做法服差役,这样就没什么可说的了。"

这方法好!神宗点头称赞。

"差役法"早把百姓害惨了,谁愿意服差役啊!所以"免役法"得到继续推行。同时,王安石下令对各地乱升农户等级的给予严惩。东明县的上级主管赵子几请求查办贾蕃,一查发现贾蕃挪用公款、贪污渎职、滥用刑罚把人打死等种种罪状,背后还牵扯到文彦博、司马光。神宗为了大局没有深究下去,最后,贾蕃被罢免,杨绘、刘挚等为贾蕃辩解的人被贬,东明县事件也就到此结束了。

"流民图"谏

郑侠(公元1041—公元1119年),字介夫,自

号"一拂居士""大庆居士""西塘老人",北宋福清海口镇覆釜山下人,后迁居福清县西塘。宋英宗治平四年(公元1067年),考中进士,授将作郎、秘书省校书郎,因为才华出众,所以很受王安石看重。但郑侠在变法上却与王安石意见相反,他的一幅"流民图"更是成为王安石第一次罢相的导火索。

从熙宁六年(公元1073年)七月开始,河北路、京西路、京东路、河东路、淮南东路、淮南西路等地接连10个月不下雨,旱情严重。许多地方又闹起了蝗灾,百姓苦不堪言。神宗忧心忡忡,但却无计可施。

一场天灾却为反对派们攻击新法和王安石找到了借口。在古代,人们普遍认为君主的行为直接与天象相关联。如果君主得人心,就会风调雨顺,如果倒行逆施,就会导致天怒人怨,灾害不断。其实这种说法也只不过是一种为政治服务的借口,未必说的人就真的信服,但事实却是影响很大。

在王安石执政前,宋朝就经常发生旱涝灾害,但是那时没有变法,人们没什么可说的,但是等到王安石变法后,再发生灾害,就被认为是王安石新法天理难容的证明了。

熙宁七年(公元1074年)三月,神宗问韩维:"天长时间不下雨,我为此日夜焦劳,该怎么办呢?"

韩维的办法是让神宗广开言路,让下面的臣子们指出为政不当的地方,加以改正,顺应天意,天大概就能下雨了。

神宗听从了。他自认为登基以来,一心操劳国事,未尝懈怠,他不明白上天为什么要降下这样的灾难,难道真的是他做错了吗？他想听听下面人的意见。

却不想，神宗的求直言却为反对派们攻击王安石和新法提供了机会。司马光看到诏书后，上书说大旱的根本原因是神宗所用非人，是王安石倒行逆施导致的，并指出新法六大弊端，敛财扰民，加重百姓负担。只有罢去王安石才能解决旱情。

对王安石的为人，神宗是很清楚的，所以，司马光的话并未引起多大反响。但是旱情严重，很多人趁机批评免行钱太重，在朝堂上有司马光等反对派大臣，退朝后有曹太后、高太后、皇后及其族人，神宗压力很大。

神宗问王安石该怎么办。王安石认为水旱灾害乃是常数，只需要努力做好救灾工作就好了。

此时，司农寺已经拨发常平仓大米32万斛，三司拨米190万斛，平抑了市场米价，但神宗还是不开心。

就在这种情况下，郑侠出场了。

郑侠的父亲曾在江宁做个小官员，宋英宗治平二年（公元1065年），郑侠到父亲任所，在清凉寺读书。当时，王安石任江宁知府，听闻郑侠的才名，邀他相见并给予勉励，还让自己的学生杨骥去陪伴郑侠读书。治平四年（公元1067年），郑侠与王安石之子王雱同科考中进士，授将作郎、秘书省校书郎。王安石拜相后，提升郑侠为光州司法参军。

郑侠任职期满后，回京述职。拜见王安石，王安石问他新法在下面实施的情况，郑侠却说新法存在各种各样的弊端，反对新法。虽然话不投机，王安石还是给郑侠安排了一个看管京城安上门的工作，并说有合适的工作时再给郑侠调动。后来，王安石果然派王雱和黎东美等人多次去请郑侠到

大道独行 王安石

经义局来任职。但是，也许是郑侠觉得王安石给他派一个看门小吏的工作是看不起他，所以拒绝去经义局，并依然坚持说新法的不便，王安石根据他的意见，对新法也进行了部分调整。此时，郑侠已经走上了王安石的对立面。

郑侠每天守着城门，来来往往的行人中自然有很多贫苦百姓，何况当时正是旱情严重的时候。郑侠就把有代表性的穷人形象画下来，绘成一幅"流民图"。郑侠官小位卑，是不可能直接给皇帝上书的。所以，他先拜托自己的同年吏部侍郎赵无极代为上呈，被赵无极一口回绝。郑侠又想通过御史台上呈，也被人驳回。但郑侠却不甘心，所谓功夫不负有心人，终于被他找到了办法。郑侠利用自己看管安上门的职务之便，假称是边关紧急军报，发马递（用来传递紧急军情，直接上呈皇帝）把图与上书送到银台司，由银台司呈给神宗皇帝。

这幅集天下难民之"精华"的"流民图"就这样送到了神宗的手上，神宗反复看后，长吁短叹，把图袖在衣袖里带回后宫，晚上夜不能寐。不只是图中所绘的难民情况让神宗难安，更在于郑侠把这一切都归咎于王安石和新法，请求罢去王安石和所有新法，并说如果神宗照做的话，10天之内还不下雨，就斩他郑侠的人头以正欺君之罪。

这时，太皇太后也出来说话了。她对神宗说："王安石确实有真才实学，但是怨恨他的人太多了，如果你想保全他，不如暂时先把他调到外地，过个一年多再召回来也行啊！"

为什么所有人都想让王安石走呢？神宗心中有气，却又不好出言顶撞，只得耐着性子解释："群臣中只有王安石能够挺身为国家做事啊！"

可见在神宗的心目中，是如何地看重王安石。

太皇太后无话可说，只能叹一口气。旁边神宗的弟弟赵颢却忍不住说道："太皇太后言之有理，王安石祸乱天下，还望陛下三思。"

神宗正一肚子气没处发呢，听了赵颢的话，当即大怒，指着赵颢骂道："王安石祸乱天下？你是想说我在祸乱祖宗天下吧？你要有本事，这个皇帝你来当好了！"

赵颢一听这话吓得跪在地上，叩头不已："臣绝无此意！"又对着太皇太后痛哭。

太皇太后解劝，神宗这才作罢。

神宗顶着压力，反复思考，才在几天之后，把郑侠的图和上书拿给王安石看，王安石自然是愤怒异常，坚决要辞去职务，回去后马上命家人收拾行李搬出相府，只等朝廷正式批准后回乡，并连上6道请辞折子。

神宗不肯让王安石辞职，亲自给王安石写信挽留，并多次令冯宗道持手谕敦促王安石继续工作，又特意降旨但凡是王安石所上的请求辞职的奏章，一律封还，坚决不同意。

然而，王安石去意已决。并不仅仅是因为这件事情，而是王安石的身体也确实到了撑不下去的时候了。日夜操劳令王安石经常头痛不已，精力也越来越不济，半年前王安石就因为身体原因向神宗请辞，在神宗的苦劝下才留到现在。所以，王安石找到神宗恳切地说明情况，请求允许他回去休息一段时间，如果病好一些了，再出来继续为国家效力。

神宗也知道王安石实在是太累了，见无法挽回，又想让

大道独行 王安石

王安石别回老家，留在京城，如果有什么事也可以去请教。王安石回答说现在新法执政班子已经不错了，如果他不在相位了还留在京城，只会让他们放不开手脚。而且王安石终究不能一直工作下去，必须要培养接班人了。

神宗终于答应了，但一再强调让王安石身体好了之后尽快回来。

熙宁七年（公元1074年）四月，王安石以吏部尚书、观文殿大学士的身份出任江宁府知府。这是王安石第一次辞去丞相之职，10个月后便被召进京城，再度任相。直到爱子王雱病逝，伤痛之余无法再处理朝政，才再次罢相。

王安石走后，推荐由吕惠卿接位，神宗听从了。郑侠见仍然是变法派当政，于是又画了两幅图，一幅名为"正直君子社稷之臣图"，画的是唐朝魏徵、姚崇、宋璟等人，另一幅名为"邪曲小人容悦之臣图"，画的是李林甫、卢杞等，并让朝中大臣自己对号入座，其用意明显是在说吕惠卿等变法派人为奸邪小人。

吕惠卿大怒，以其"讪谤朝廷大不敬"之罪上奏神宗，合并之前的"擅发马递罪"把郑侠交由御史台审查。案子由舒亶审理，据说在逮捕郑侠时，从他身上搜出来一份名单，反对新法的人基本上都在上面。

吕惠卿要把郑侠处死。神宗因"不以言罪人"的祖训，没有听从，只是把郑侠贬至英州，同时说明放郑侠一条生路已是极大恩惠，让他老死在那里就可以了。

司马光上台后，不顾神宗旨意，在苏轼的推荐下起用郑侠做了个泉州教授，但很快又被变法派贬出去，如此几次三番，最终老死在嵩山。

痛失爱子

在王安石变法期间，王雱始终坚定地站在父亲一边，为给变法提供理论依据，奉命修撰《诗》《书》《周官》三经新义。王雱盛赞商鞅的豪杰气概，对于变法中遇到的阻力，主张采取强硬措施，曾说如果不杀掉对新法有异议的人就不能够保证新法的顺利实施。王雱的这一偏激思想为反对派对他们父子进行攻击提供了由头，很多资料中记载王雱之死是缘于吕惠卿，真实与否已很难知晓。

在王安石执政的后期，变法派内部出现了裂痕。王安石曾经最得力的助手之一吕惠卿为了一己之私指使人诬告王安石谋反，引发了震惊朝野的"李逢、刘育谋反案"，在吕惠卿的授意下，矛头直指王安石。王雱觉察出吕惠卿的阴谋，不甘心父亲受此不白之冤，私下里积极活动，获得了御史蔡承禧等谏官的支持。

熙宁八年（公元 1075 年）三月，蔡承禧上书弹劾吕惠卿"弄权自恣，朋比欺国"。一时间不满吕惠卿的谏官、御史纷纷进言揭发吕惠卿，原本受吕惠卿信任的邓绾见形势不妙，倒戈相向，揭发出吕惠卿兄弟弄权贪污的一桩大案——"华亭弄权奸利案"，再次引起朝野震动。

神宗皇帝震怒之下，把吕惠卿贬至陈州，并下令彻查"华亭弄权奸利案"，但任用的人徐禧、王古、睿周辅却是吕

大道独行 王安石

惠卿的亲信，结果导致"案情迷离"，狱久不决。

王安石此时忧心忡忡，却不能过问，吕惠卿曾是他最重要的助手，如果落马，他也难逃不察之罪，而且变法核心人物发生这种事，对变法的不利是显而易见的。而直接牵扯到他的"李逢、刘育谋反案"还没有结果，唉……

见父亲每日愁眉不展，在没有人的地方暗自叹气，王雱的心也是揪着的，他不甘心吕惠卿这个小人就此逍遥法外。父亲为人太正直，不会落井下石，自然也不会允许他胡来。所以，他要背着父亲做些事情……

此时，正好吕嘉问因事返回京城，与王雱会面。两人说起来吕惠卿的所作所为，都是义愤填膺，商量着怎样出一口气。吕嘉问忽然想起王安石的门生练亨甫正在中书刑房熟悉公务，可以从中动些手脚。两人商议好之后，吕嘉问找到练亨甫，设法从中书刑房窃取御史中丞邓绾弹劾吕惠卿"华亭弄权奸利"的条例案情及皇上"置狱鞠治"的谕示，交给王雱。第二天，王雱借口看望父亲去了东府（王安石办公的地方），趁人不备，把这些文件偷偷夹杂在东府下达刑部的其他文件中，企图以东府的名义由刑部把吕惠卿下狱治罪。

然而，不幸的是，当天刑部当值的官吏正是吕惠卿的亲信。一见这些文书，当下震惊不已，深知如果刑部一旦照办，吕惠卿就完了。继而又大喜，幸亏被自己人发现了，于是连夜派王古快马加鞭赶往陈州报告吕惠卿。

吕惠卿接到消息惊怒之下，决定来个鱼死网破，企图把王安石置于死地。于是，当夜写出王安石"弄权矫令，罔上欺君"的奏折，并收集以前与王安石在工作来往中有王安石"欺君蔽贤"之嫌的信笺，一并交给王古带回京城，通过刑部，呈给神宗皇帝。

熙宁九年（公元1076年）五月二十七日深夜，神宗紧急召见王安石。看着传旨的公公严肃的表情，王安石已经有了深深的不祥之感，可是，如今正是多事之秋，他不能问。匆匆来到大殿，神宗正在等他，参拜完毕，王安石等着神宗发话。神宗的脸上不见一丝喜气，也没有往日的温和、敬重。如今与神宗相见，再也没有了往日君臣亲如一人，无话不谈的感觉。羽翼已丰的皇帝不再事事倚重于他了，反而对他有了种种猜疑……这些王安石不敢想，也不愿想。

神宗没有开口，只是示意王安石看桌子上的奏折。王安石拿起一看，是吕惠卿弹劾他"弄权矫令，罔上欺君"的，还未看内容，王安石的心里已经是"咯噔"一下，自己的预感果然没错。可是他自信自己从来没有做过这样的事情，所以，还是看了下去。看完之后，王安石明白了，虽然此事并非自己所为，但肯定也与自己脱不了干系，做出此事的人肯定也是为自己打抱不平。

王安石重重跪了下去："圣上明察！此事绝非臣所为。我虽然不满吕惠卿的作为，但也绝不敢假传圣意，欺骗皇上啊！臣在皇上身边多年，一心为国尽忠，全力推行新法，从未有过半点私心，臣的为人皇上是清楚的啊！"

神宗看着王安石："朕相信先生的为人，也相信先生不会如此愚弄于朕。但是东府乃是你的职责范围所在，如今发生这样的事情，还希望你能够查清楚再来汇报给我。你且下去吧。"

王安石不知道自己是怎么走回来的，其实，自从他第一次罢相之日，就已经明白，不可能力挽狂澜了。可是，他还

大道独行 王安石

是不甘心,自己和神宗多年来的梦想就此付诸东流。虽然变法取得了一些成果,财政有了很大改观,军备也有所增强,可并没有实现自己的目标,而且反对变法的人势力强大,如果自己不在,新法难保不会走样。新法就像他的一个孩子,看着它出生,然后一天天长大,里面全是他的辛苦付出,他放不下啊!所以,皇上再次召他出任丞相时,他接受了。可是,真正出来以后,才发现所有的都已经面目全非了,再也回不到过去了。已经55岁的王安石觉得心境是从未有过的悲凉。

回到家,王安石直接去了书房,他睡不着。漫无目的地踱着步,不知道自己在想什么。然后,听到敲门声,爱子王雱在外面唤他,似乎有什么事。王安石让他进来,见儿子衣冠整齐,竟然一直没睡。这孩子身子一向不好,怎么如此不知爱惜自己呢!

王雱犹豫了一下,还是问道:"儿子见皇上深夜召父亲进宫,父亲回来又是这般模样,不知发生了什么事情?"

王安石重重地叹了一口气,把事情告诉了王雱。王雱一听,立马明白是自己行事不周,所做的事情被人发现了。意识到问题的严重性,王雱跪倒在地:

"父亲,此事不用查了,是儿子做的。"

"你说什么?!"王安石看着王雱,一时无法反应过来。

王雱于是把与吕嘉问、练亨甫合谋之事说了出来。王安石无论如何也想不到自己的儿子竟然会做出这样的事情来,当下气得浑身发抖,一向能言善辩的他此时却说不出话来。

王雱见父亲如此生气,道:"父亲息怒,此事是儿子做的,儿子一人承担,只恨事情没有做成,那吕惠卿本就该死，这次算他运气！"

这话不说还罢，一说王安石更是怒火中烧，一向疼爱儿子的他忍不住破口大骂："逆子！还敢说这样的话！为父平日是怎么教导你的？你竟然做出此等卑劣无耻之事！我王氏一族的颜面都被你丢尽了！想我王安石一生上无愧于天地君恩，下无愧于父母黎民，不料竟生出你这样不孝的逆子！真是作孽啊！"

王雱本是为父亲抱不平，也知道自己所做不对，如今被父亲如此痛骂，不禁又羞又恨。况且他从小到大，何曾受过这么重的话，一股气憋在心里，当时面色大变。王安石一见之下，才意识到自己的话说得太重了，顾不得其他，急忙唤人请大夫来。

本就身患重病的王雱这一倒下竟再也没能起来。王安石既恼恨儿子做出不法之事，又担心他的身体，痛苦万分。

在王安石四处为王雱求医问药的时候，一些想要彻底整垮王安石的人散播出"王安石自请离京"的谣言，一时间传遍京城。邓绾听到消息后，害怕王安石一走，皇上会起用吕惠卿，以吕惠卿的小人行径，肯定会找机会报复他。因此，邓绾找到练亨甫商量对策。练亨甫根据谣言，散发出"王安石自请离京，皇上坚留不准"的假消息，同时鼓动邓绾上书颂扬王安石变法的功绩，请求皇帝给予王安石厚赏，并举荐王雱和王安石的女婿蔡卞。

邓绾为了自身利益极力称赞王安石的做法令神宗非常不满，神宗召来王安石问话，王安石只能检讨自己用人不当，同时请求皇上罢免邓绾的官职，邓绾被调离出京。

五月二十九日，神宗再次召见王安石，王安石把儿子

大道独行 王安石

"弄权蒙混"的事情据实上奏,请求神宗给予严惩,同时因自己教子无方,请求辞去丞相之职。神宗没有答应王安石的请求,而是给王安石看了吕惠卿呈上来的王安石"欺君蔽贤"的"证据"。

王安石真是越看越心寒,看来,吕惠卿是早有预谋啊!一些工作中随手写就的批示,确实有不要让皇上知道之类的语言,但有些是不想让皇上为难,有些是自己可以决断的,没有一件是出于自己的私心,但时间过去了那么久,究竟是因为什么而写的早已记不清了,如何向皇上解释?皇上又如何肯听?

神宗把这些拿给王安石看,说明还是愿意信任王安石的。但是,皇上现在才拿出来,是不是说明他也在看王安石是否会徇私枉法,包庇自己的儿子和门生?王安石已经再也没有了继续撑下去的信念。

六月,大夫回天无力,王雱病逝,年仅33岁。王雱的死,令王安石痛不欲生,坚决上书辞职。神宗最终批准了。王安石以镇南军节度使、同平章事、判江宁府的身份回到了江宁。从此,属于王安石的政治时代彻底结束了。

第四章

文 坛 领 袖

🌥 王安石的诗

王安石为"唐宋八大家"之一,文学成就非常突出。而且他的作品亦和他的人一样,不落于流俗,不仅有自己的独到见解,而且多体现了对社会的关注和思考,与其他人多写一些风花雪月的诗词很不同。后人说,王安石的诗"学杜得其瘦硬",长于说理与修辞,善用典,风格遒劲有力,精辟精绝,亦有情韵深婉之作,尤其绝句妙绝天下,代表诗有《元日》《梅花》等。

王安石一生留下的诗很多,在各个时期均有精品,风格各异,涉及面也很广。

王安石从小就认为好男儿一定要有远大的理想和抱负,否则一生无所建树,等到老去时不只无可依靠,连一点值得

大道独行 王安石

回忆的事情都没有了,"男儿少壮不树立,挟此穷老将安归!"有理想有抱负才会活得意气风发,"此时少壮自负恃,意气与日争光辉。"王安石的《忆昨》诗把他在淮南签判以前的经历简要地进行了记述,其中的这两句也使后人更加清楚地了解到他少年之时的凌云壮志。

"谁将天下安危事,一把诗书仔细论。"这首情系天下的《闲居遣怀》大概是王安石留下来的最早的一首诗了。那时王安石才15岁。岭南发生叛乱,西夏趁机进攻宋朝,举国惶恐不安。朝堂之上的大臣们只知谈论诗书,引经据典争论不休,却拿不出对敌的良策。天下安危之时,谁才是救民于水火的真英雄啊!这首诗里面,已经体现出王安石看待问题时与众不同的独特眼光。他是一个做实事的人,看不起那些只会说空话的人,而他的一生也始终遵循着做实事的原则。

王安石这种看待事情与众不同的眼光在他的《读镇南邸报癸未四月作》中也可以明白看出:

> 赐诏宽言路,登贤壮陛廉。
>
> 相期正在治,素定不烦占。
>
> 众喜夔龙盛,予虞绛灌憸。
>
> 太平讵可致,天意慎猜嫌。

在王安石中进士不久后,仁宗皇帝任用范仲淹等人进行改革,当时人们对于改革寄予厚望,所以诏书一下,石介等人便大加歌颂,好像太平盛世马上就要到来一样,但王安石却从中看到隐忧,对于改革阻力和仁宗对改革的态度都有清晰的认识。事实印证了王安石的担忧是不无道理的,"庆历新政"因为反对派的攻击和仁宗的不坚定很快就被废除了。

王安石的诗文大多是描写社会现状、抒发政治抱负的,很具有现实意义。

在他去鄞县任县令时,正赶上黄河以北发生大旱。粮食歉收,无数饥民无法度日,只好成批往南方逃荒。王安石在路上,亲眼看到那么多衣衫褴褛、面黄肌瘦的灾民,扶老携幼,散见于路边,心情无比沉重,于是,写下一首描写灾民悲惨生活的纪实诗——《河北民》:

　　河北民,生近二边长苦辛。
　　家家养子学耕织,输与官家事夷狄。
　　今年大旱千里赤,州县仍催给河役。
　　老小相携来就南,南人丰年自无食。
　　悲愁白日天地昏,路旁过者无颜色。
　　汝生不及贞观中,斗粟数钱无兵戎。

在这首诗里,清晰可见王安石对百姓深深的悲悯之心。诗的风格比较接近杜甫,语言明白通畅,寓意深刻,在宋诗中已是上乘之作。王安石描写百姓之苦的诗还有《感事》《兼并》《收盐》《发廪》《酬王詹叔使江东访茶法利害见寄》《省兵》等等。

鄞县任满后,王安石回京待命,途中绕道杭州,登上西湖灵隐寺前的飞来峰,留下了一首流传千古的《登飞来峰》:

　　飞来峰上千寻塔,闻说鸡鸣见日升。
　　不畏浮云遮望眼,自缘身在最高层。

在这首诗中,王安石卓尔不群、英勇无畏的精神表露无遗。不害怕流俗纷纷扰扰,我已经站在了最高处把一切看得都很清楚,那些所谓的"浮云"不会影响到我一丝一毫。在王安石变法期间遭受到沉重打击,但他始终坚定不移地推行新法,他的自信与无畏早已经写在这首诗里。他后来所写的

《孤桐》《古松》《华藏院此君亭》等也体现了他高尚的人格魅力：

孤桐

天质自森森，孤高几百寻。
凌霄不屈己，得地本虚心。
岁老根弥壮，阳骄叶更阴。
明时思解愠，愿附五弦琴。

古松

森森直干百余寻，高入青冥不附林。
万壑风生成夜响，千山月照挂秋阴。
岂因粪土栽培力？自得乾坤造化心。
庙廊乏材应见取，世无良匠勿相侵！

王安石到舒州后，因为早听说舒州是三国时周瑜的老家，所以就急着去寻找周瑜的故居，结果问了很多人却没有几个人知道周瑜。失望之余，王安石写了一首《到舒州次韵答平甫》：

夜别江船晓解骖，秋城气象亦潭潭。
山从树外责争出，水向沙边绿半涵。
行问墙夫多不记，坐论公瑾少能谈。
只愁地僻无鼙客，旧学从谁得指南。

找不到志趣相投、可以在一起谈天说地的人，王安石只好把时间花上了看书上。在舒州期间，著书立说、考察民情的同时，王安石走了很多地方，留下了不少的诗作，其中一首《题舒州山谷寺石牛洞泉穴》：

水泠泠而北出，山靡靡以旁围。
欲穷源而不得，竟怅望以空归。

一读之下，如见其形，如闻其声，清新自然，而对于想要寻找源头而不能得的遗憾之情也描写得非常传神。

在舒州期间，文彦博向仁宗皇帝推荐王安石，说他淡泊名利，才高志远，应该召到京城给予重用。于是，仁宗皇帝下旨，让王安石进京参加考核。王安石却再次推辞掉了。面对着众人的不解，王安石心中也有矛盾，于是写下一首《舒州被召试不赴偶书》：

戴盆难与望天兼，自笑虚名也自嫌。
稿壤太牢俱有味，可能蚯蚓独清廉。

虚名与清廉就好像是顶着盆还想要看到天一样，是不可能同时得到的。我虽然想要保持一身清正之气，不去参加考核步步高升，可是在这里不也是做官吗？不由得嘲笑自己终究还是放不下功名。在这里，王安石对自己作了剖析和自我批评，虽然他对自己进行嘲讽，但能做到这一点，我们却不能不敬佩他的品德之高尚了。

在群州牧判官任上时，王安石有两首写王昭君的《明妃曲》：

其一：

明妃初出汉宫时，泪湿春风鬓脚垂。
低徊顾影无颜色，尚得君王不自持。
归来却怪丹青手，入眼平生几曾有。
意态由来画不成，当时枉杀毛延寿。
一去心知更不归，可怜着尽汉宫衣。
寄声欲问塞南事，只有年年鸿雁飞。
家人万里传消息，好在毡城莫相忆。
君不见咫尺长门闭阿娇，人生失意无南北。

其二：

　　明妃初嫁与胡儿，毡车百辆皆胡姬。
　　含情欲语独无处，传与琵琶心自知。
　　黄金杆拨春风手，弹看飞鸿劝胡酒。
　　汉宫侍女暗垂泪，沙上行人却回首。
　　汉恩自浅胡恩深，人生乐在相知心。
　　可怜青冢已芜没，尚有哀弦留至今。

因其诗意高远新颖，一时之间，欧阳修、司马光、曾巩、刘敞等人纷纷唱和，但却没有能够超越王安石的。《明妃曲》也引来了千古争议。尤其是"汉恩自浅胡恩深，人生乐在相知心。"更是成为反对派攻击王安石的一个借口，以此来论断王安石"逆忘君父"，简直是禽兽不如。然而，反对者们却根本没有考虑过王昭君自身的感受，汉朝皇帝的无情无义，满朝大臣的碌碌无能，国家一时之安竟然只能依赖她这个柔弱的女子去到蕃地和亲。王昭君从失望到绝望，最终决绝而去的心情，怕是只有王安石体会得最深。

能写出王昭君"一去心知更不归"的也只有王安石，尽管前途茫茫，可以想象有诸多不顺，却是身不由己。对于很多事情王安石都是看得很清楚的。比如他的《读史》诗：

　　自古功名亦苦辛，行藏终欲付何人。
　　当时黯黮犹承误，末俗纷纭更乱真。
　　糟粕所传非粹美，丹青难写是精神。
　　区区岂尽高贤意，独守千秋纸上尘。

看得是何等的明白！然而，最终，荆公自己却做了那"独守千秋纸上尘"之人，不能不令人叹息。

神宗继位后，王安石奉诏进京，行至瓜洲时，写下著名的《泊船瓜洲》一诗：

　　　　京口瓜洲一水间，钟山只隔数重山。
　　　　春风自绿江南岸，明月何时照我还。

还未到便已先想着回，正是因为清楚自己这一入京必然要经历很多惊涛骇浪，所以才会有这种心情。但是，即使清楚，他也不会改变自己的立场，为了实现自己的志向，他将"虽千万人，吾往矣。"

在他接受神宗诏令，将要出山时，众人纷纷前来祝贺，王安石却避开众人，与好友王介一起再看看江宁的风景，此后再回来不知要到什么时候了。面对自然美景，王安石有些不舍，赋诗道："北山云漠漠，南涧水悠悠。去此非吾愿，临分更上楼。"

王介笑道："介甫不要说舍不得此处，应是此处舍不得你啊。你这一去才是'草庐三顾动春蛰，蕙帐一空生晓寒'啊！"

王介的话中有些许调侃之意，意指王安石到底是忍不住要出去做官了。对此，王安石却是哈哈一笑："看来你并不知道我的志向啊！"于是吟道："偶向松间觅旧题，野人休诵'北山移'！丈夫出处非无意，猿鹤从来自不知。"

我本来就有着鸿鹄之志，无意做隐士，流连于这山水之间不过是来此略作休息，你又哪里知道啊！王介听后，只能自叹不如。

王安石著名的《元日》和《梅花》均写自变法期间。

　　　　　　　　元日
　　　　爆竹声中一岁除，春风送暖入屠苏。
　　　　千门万户曈曈日，总把新桃换旧符。

大道独行 王安石

梅花

墙角数枝梅,凌寒独自开。

遥知不是雪,为有暗香来。

第一首描写元日节日新气氛,着重体现了新旧更替的变革理念。第二首体现了梅花不畏严寒、暗香盈动的品格。这两首诗之所以流传很广,除了诗中韵味和思想之外,更在于用语通俗易懂,脍炙人口。

在变法期间,王安石所承受的压力是非常巨大的。但是他还是给自己鼓气,坚定地走下去。他在《众人》一诗中写道:

众人纷纷何足竞!是非吾喜非吾病。

颂声交作莽岂贤?四国流言旦犹圣。

唯圣人能轻重人,不能铢两为千钧。

乃知轻重不在彼,要知美恶由吾身。

对于众人的言论不屑一顾,坚持"清者自清"。然而,他内心的孤独谁又能体会呢?为了变法很多原本是好朋友的人都成了政敌,连最初的好友曾巩也不能够理解他。在《寄曾子固》中,王安石写道:

斗粟犹惭报礼轻,敢嗟吾道独难行!

脱身负米将求志,戮力乘田岂为名?

高论几为衰俗废,壮怀难值故人倾。

荒城回首山川隔,更觉秋风白发生!

诗中沧桑之感令人痛心!王安石顶着那么大的压力推动变法,难道是为了个人吗?是为了自己为国为民的理想啊,也是为了神宗的知遇之恩。在《钓者》中,王安石说:

钓国平生岂有心,解甘身与世浮沉。

应知渭水车中老,自是君王著意深。

神宗的支持是王安石能够一路走下去的最大动力。当神宗成熟以后，不再事事依赖他了，王安石便失去了最后的依靠，也便没有了往日的斗志。在和神宗发生不愉快时，他曾用传统的比兴法写了一首《君难托》：

槿花朝开暮还坠，妾身与花宁独异？
忆昔相逢俱少年，两情未许谁最先？
感君绸缪逐君去，成君家计良辛苦。
人事反复那能知？谗言入耳须臾离！
嫁时罗衣羞更着，如今始悟君难托。
君难托，妾亦不忘旧时约。

借一位弃妇的口吻写对夫君听信谗言，反复不定，最终夫妻离散的幽怨之情，这是王安石诗作中极少见的缠绵悱恻之作，深切动人！其中自然是以夫妇借喻君臣，对神宗表示了不满，但是自己却依然"不忘旧时约"，不能不令人感叹。

在王安石离开政治舞台之后，他的诗多描写乡村生活和感悟佛理，如《歌元丰五首》《元丰行》《后元丰行》《拟寒山拾得二十首》诗，更见清新自然，世称"半山体"。如：

初晴

一抹明霞黯淡红，瓦沟已见雪花融。
前山未放晓寒散，犹锁白云三两峰。

写雪后初晴，用词精当，非常传神。

游钟山

终日看山不厌山，买山终待老山间。
山花落尽山常在，山水空流山自闲。

王安石精美的诗还有很多，如《旅思》《示长安君》《读

墨》《书湖阴先生壁》《与薛肇明弈棋赌梅花诗输一首》《用前韵戏赠叶致远直讲》等等。

王安石的词

王安石也同王雱一样，并不喜欢作小词，曾经对于晏殊身处相位却爱作些风花雪月的小词很不以为然。所以，王安石的词远没有诗的数量多，全宋词集中存有20多首，水平也高低不同，但其中亦不乏精品，最著名的有《桂枝香·金陵怀古》《浪淘沙令·伊吕两衰翁》《浣溪沙》等。

王安石的《桂枝香·金陵怀古》，写于他因母亲去世回金陵守丧，著书讲学期间。金陵原是一座山，也就是现在的钟山。有一年，深秋时分，朋友见王安石整天忙着教学，很是辛苦，于是便要拉着他出去走走，感受一下自然风光，借以放松身心。王安石推辞不过，便与朋友一路登上附近的钟山。

秋天总是令人感到有几分萧瑟的，然而，当众人登上钟山，视野却不由得开阔起来。钟山是当地最高的山峰了。站在钟山山顶，眼前正是千里碧波的澄江，在一片绿树环抱之下，如一条白练绵延向远方。此时已是傍晚时分，夕阳的余晖下，只见江面上，一艘艘渔船从远处驶回，江两边树木掩映的繁华之处，一面面酒旗在秋风中摇曳。再晚些时候，云淡天高，已经可以望见空中点点繁星，一只只白鹭开始栖息在沙滩上，偶尔有一两只被惊起，很快又归于平静。

　　景色虽美，然而，看在王安石的眼中却别有一番滋味。这里本是南朝古都，然而如今很多事情都已湮没无闻。从前的繁华已成过眼烟云，而朝代更替、国家兴亡又有几人在关注？历史经验与教训又有几人能够记起？面对远处灯火阑珊处隐隐约约传来的乐女的歌声，王安石不能不有所感叹。

　　朋友正在欣赏美景，兴致一起，便提议大家作诗词来描写。王安石于是便作了一首《桂枝香·金陵怀古》：

　　　　登临送目，正故国晚秋，天气初肃。
　　　　千里澄江似练，翠峰如簇。
　　　　征帆去棹残阳里，背西风，酒旗斜矗。
　　　　彩舟云淡，星河鹭起，画图难足。
　　　　念往昔，繁华竞逐。
　　　　叹门外楼头，悲恨相续。
　　　　千古凭高对此，漫嗟荣辱。
　　　　六朝旧事随流水，但寒烟衰草凝绿。
　　　　至今商女，时时犹唱，《后庭》遗曲。

　　朋友听了前半阕，都赞王安石景物描写得美，然而听完后半阕，却都跟着沉默下来了。王安石的心思始终都在国家和百姓身上啊！大家再也没有了玩的兴致，开始认真思考起来。

　　王安石的这首词在所有《桂枝香》词中被后人评为第一，不管是写景还是抒情都无人能够超越。王安石的怀古诗词写得很好，另一首《南乡子》也是千古名篇：

　　　　自古帝王州，郁郁葱葱佳气浮。四百年来成一梦，堪愁。晋代衣冠成古丘。

大道独行
王安石

绕水恣行游。上尽层楼更上楼,往事悠悠君莫问,回头。槛外长江空自流。

但是怀古总是有些沉重的,他的《浪淘沙令·伊吕两衰翁》则更显得豪放:

伊吕两衰翁,历遍穷通。一为钓叟一耕佣。若使当时身不遇,老了英雄。

汤武偶相逢,风虎云龙。兴亡只在笑谈中。直至如今千载后,谁与争功!

伊尹,名挚,尹是后来所任的官职。他本是一个弃婴,被莘氏收养,做奴隶进行耕种。汤娶莘氏之女,他是陪嫁品。汤见他有才能便起用他并在伊尹的帮助下灭了夏,伊尹也成为商汤的开国功臣。吕尚便是姜子牙,因为祖先封地在吕,所以又称吕尚。他在渭水边钓鱼,80岁高龄时被当时还是商朝西伯侯的周文王姬昌寻到,辅佐姬昌父子推翻了商纣的统治,建立周朝。若是伊、吕二人没有遇到汤武,恐怕只能老死在山泽之中,埋没了一身经天纬地之能。一旦得遇明主便共同成就了千秋伟业,后人无人能及。

这首词写于王安石变法期间。那时,神宗对王安石几乎是言听计从,君臣二人上下一心,共同推动富国强兵的变革大业。对于神宗的知遇之恩,王安石深深感激,同时也非常庆幸自己有生之年能够得遇神宗这样志同道合的开明君主,对于变法的前途,王安石也是充满信心。所以,这首词便写得神采飞扬、踌躇满志。王安石与神宗皇帝的相遇相知也确实是中国历史上的一段佳话。

在王安石的晚年,没有了政事的牵绊,也终于摆脱了爱子去世的伤痛,所作的词便透出一种超然物外的悠闲与旷达来。如《浣溪沙·百亩中庭半是苔》：

  百亩中庭半是苔，门前白道水萦回。爱闲能有几人来？

  小院回廊春寂寂，山桃溪杏两三栽。为谁零落为谁开？

这首词写得清新自然，透着田园的恬静之美。王安石晚年之作多是此种风格。

第二次罢相后，王安石在江宁距白门7里的地方建造了房屋，离蒋山也有7里，平日里常常骑着一头小毛驴，在仆人的跟随下游览当地名胜古迹，遇到寺庙便在那里歇息。

有一年，王安石寄住在定林寺里。过了元宵节，江南已是草长莺飞，一片春意盎然。下了一场雨，天气更是清新。

仆人从外面回来，见王安石还在看书，便说道："老爷，这两天下雨，您总是闷在屋里看书，只怕眼睛又要受不了了。如今天气晴朗，正该出去走走。"

王安石放下手中的书，笑道："你倒知道你家老爷的心思，这两天确实闷坏了。可是，该去什么地方呢？倒叫人为难。"

仆人低头想一想："有了！老爷，刚才在前面听到前来进香的客人们纷纷说，浒亭因为这场雨，下面的水都要漫了，不过看起来倒美。老爷不是一向喜欢去浒亭吗？不如去看看？"

王安石一听，来了兴致。吩咐道："那敢情好，我也正想顺便去看看老友。快牵驴来吧，我们这就走。"

"哎！好勒！"仆人答应一声，下去准备，不一会儿便牵了毛驴来。王安石便在仆人的陪同下下山往浒亭方向行来。

大道独行 王安石

一路上山花烂漫,绿草芳芬,空气清新。本来便是游玩,所以王安石便由着毛驴慢慢地溜达,只管尽情地看风景。身边云雾缭绕,山间谷壑毗连,四周峦嶂如屏,还有很多花木丛生的天然坞堡。穿行于云雾与坞堡之间,路中遇到相识的游人便停下来聊上几句。到了浐亭,下面的水果然已经涨满了,山水潺潺,更多了几分动听。看足了风景,也见到了友人,王安石这才兴尽而返。

因为游玩多时,王安石便去僧床上歇息。此时,春风送暖,早已不觉得寒冷,又因为疲倦,所以,王安石睡得很香。可是,忽然间,风吹松林的呜呜之声却把他从梦中惊醒,好梦难续,起床看看太阳,并没有睡多长时间。此时,睡意已去,徘徊之际,看到桌上的纸墨,又起了写作的兴致,便把这一番经历感受写成一首《渔家傲》:

灯火已收正月半,山南山北花撩乱。

闻说浐亭新水漫,骑款段,穿云入坞寻游伴。

却拂僧床褰素幔,千岩万壑春风暖。

一弄松声悲急管,吹梦断,西看窗日犹嫌短。

王安石还有一首《渔家傲》,也是晚年所作:

平岸小桥千嶂抱,柔蓝一水萦花草。

茅屋数间窗窈窕。

尘不到,时时自有春风扫。

午枕觉来闻语鸟,欹眠似听朝鸡早。

忽忆故人今总老。

贪梦好,茫然忘了邯郸道。

王安石较好的词还有《菩萨蛮》《菩萨蛮·集句》等。

菩萨蛮

数间茅屋闲临水，窄衫短帽垂杨里。
花是去年红，吹开一夜风。
梢梢新月偃，午醉醒来晚。
何物最关情，黄鹂三两声。

菩萨蛮·集句

海棠乱发皆临水，君知此处花何似？
凉月白纷纷，香风隔岸闻。
啭枝黄鸟近，隔岸声相应。
随意坐莓苔，飘零酒一杯。

王安石潜心研究佛教，成为一名虔诚的在家居士。他晚年皈依释氏，留下大量的佛教诗文。如他的一首《望江南·皈依三宝赞》：

归依众，梵行四威仪。愿我遍游诸佛土，十方贤圣不相离。永来世间痴。

归依法，法法不思议。愿我六根常寂静，心如宝月映琉璃。了法更无疑。

归依佛，弹指越三祇。愿我速登无上觉，还如佛坐道场时。能智又能悲。

三界里，有取总灾危。普愿从生同我愿，能于空有善思惟。三宝共住持。

王安石的这首词，表达出他对于世间再也无所留恋，此生足矣。自己曾经追求过、努力过，所有的悲欢离合，世事沉浮都已经历，也算是不枉此生了。对于如今的时局，自己已经有心无力，甚至无意去管了，只想寻得心灵的归宿。

大道独行 王安石

王安石的文章

王安石的文章收录在《临川先生文集》中,以议论为主,多阐述自己的政治见解和主张,风格雄健简练、奇崛峭拔,在文学中具有突出成就。著名的有《祭欧阳文忠公文》《上仁宗皇帝言事书》《国朝百年无事札子》《上时政疏》《答司马谏议书》等,尤以《答司马谏议书》最是其中代表。

在淮南签判任上时,王安石结识了孙正之。两人关系很好,王安石留下很多写给孙正之的诗词文章。其中一篇《送孙正之序》写于庆历二年(公元1042年),是王安石现存较早的文章,而且其中体现了王安石早期的思想,对了解王安石具有很重要的价值。

当时孙正之的哥哥要去温州上任,把父母也都带过去奉养,孙正之也要跟哥哥一起去。王安石就为他写了送别诗和这篇序。在序中,王安石写道:"时然而然,众人也;己然而然,君子也。己然而然,非私己也,圣人之道在焉尔。"当下流行什么就认为什么是对的,这种人是普通人;自己认为对的就坚持己见,这种人是君子。坚持自己的见解,并不是自私自负的表现,是因为圣人之道在里面。只从这两句话中就可以看出王安石对流俗不以为然的态度。

在鄞县任上,王安石主持兴修了很多水利设施,在《上杜学事言开河书》中,他总结了自己开河的经验,并指出地方官员因循苟且，不想有所作为导致水旱灾害经常发生的重要原因，希望转运使能够鼓励官员们为百姓谋福利。

对于因循守旧之流俗，王安石是深恶痛绝的。在写给刘敞的《与刘原父书》中，王安石说："阁下乃以'初不能无为'为有憾，此非安石之所敢闻也。今方万事所以难合而易坏，常以诸公'无为'耳。"这是王安石在常州任上大力修水利工程失败后，刘敞责备他开始就不应该有这种修水利的念头，也就是说一切照旧就行了。这种说法自然是王安石不能接受的，他认为正是因为大家都假借"无为而治"的名义，不思进取，才会使很多利国利民的好事无法开展。

曾巩曾经劝王安石不要那么固执，随俗一些，才有利于自己的仕途。王安石回信道："江东之流得毁于流俗之士，吾心不为之变。吾之所存，固无以媚斯而不能合流俗也。"不管别人怎么样，我的心是不会改变的。

王安石这种特立独行的风骨以及挑战世俗的精神在很多文章中都有体现。他从不把别人的观点当做自己的，人云亦云。而是有自己的见解，只要自己认为是对的，就坚持下去。他的一生都在坚守自己的信念，不管遇到多大的阻力，招致多少的敌人，始终如一。

王安石最长的一篇上书应该就是《上仁宗皇帝言事书》，篇幅虽长，却是言之有物，从古时先王之政到当前实际情况，无不有理有据，提出的建议亦是切合实际情况，可以执行的。这也是王安石最可贵的一点。如果他对某一件事有不同的看法，他一定会给出自己的操作方法，而不是一味地批

大道独行 王安石

评指责。单是这一点,就远远超过那些只会夸夸其谈的所谓"君子"之流了。

熙宁五年(公元1073年),欧阳修去世,王安石写了一篇《祭欧阳文忠公文》。关于欧阳修和王安石的关系,曾有人说是王安石去京城考进士时,因诗文受欧阳修好评,才被世人所知道,又有人考证并无此事。可以肯定的是,后来欧阳修确实向仁宗皇帝推荐过王安石,但也并没有刻意拔高。王安石执政后,两人的政见明显不同,已经处于不同的阵营了。但是,王安石的祭文却对欧阳修一生作了客观公正的评价,文中没有一点对欧阳修的不敬和批判,而是言辞恳切,感情真挚。相比于其他人的祭词或尽是溢美之词或尽是痛哭流涕之言,明显高出一大截,堪称是欧阳修所有祭文中最好的一篇。

再看荆公逝世后,苏轼奉旨写的《王安石赠太傅》制词,明褒暗贬,极尽讽刺挖苦之能事。司马光死后,苏轼写的祭文,名为写司马光却有一大半是在狠批荆公。而司马光,这个被后世称为"温良谦恭"之"君子"的人,竟然在神宗让他写诏书敦促王安石照常工作之时,假借神宗的名义对王安石进行口诛笔伐,更曾经多次对王安石进行人身攻击……对比之下,更见王安石的高风亮节。

司马光原本与王安石称得上是朋友,但随着王安石执政的深入发展,政见之不同,或许还有内心的不服气使得司马光变得越来越歇斯底里,成为王安石的头号政敌。在熙宁三年(公元1070年)之前,司马光的态度还不至于太恶劣,而在青苗法推出后,司马光接连给王安石写了3封信,对王安石的做法及个人缺点作了全面批判。对此,王安石只写了一封回信，也就是著名的《答司马谏议书》。

王安石认为，两个人讨论政事时，常常意见不同，只是因为所学的治国之术有很大差异。王安石知道司马光不会认可自己的观点，并不想一一分辩。但出于尊敬，还是说出了自己的看法。针对司马光所罗列的"侵官、生事、征利、拒谏、怨谤"5条罪名，仅用百余字就全部驳回。最后说，如果司马光责问自己在位那么长时间了，却没能帮助皇上有大的作为，那么王安石知罪，但如果司马光说天下一切事都不应该变动，只需墨守成规，那么实在不敢苟同。

全文仅300多字，简洁明了，但有理有据，刚劲峭拔，实乃驳论文中的经典。

或许是这封回信让司马光大受刺激，此后的司马光便失去理智了。

简洁有力也是王安石文章的一大特色，例如他的《读孟尝君传》，也是非常值得一提的：

> 世皆称孟尝君能得士，士以故归之，而卒赖其力以脱于虎豹之秦。
>
> 嗟乎！孟尝君特鸡鸣狗盗之雄耳，岂足以言得士！不然，擅齐之强，得一士焉，宜可以南面而制秦，尚何取鸡鸣狗盗之力哉？
>
> 夫鸡鸣狗盗之出其门，此士之所以不至也。

全文仅90个字，却对之前1000多年间士人对孟尝君善于"得士"津津乐道进行了无情的批判。任用一些鸡鸣狗盗之人，能算得士吗？恰恰是因为这些人的存在，才使得真正的士不屑与之为伍，不入孟尝君之门。否则，以齐国当时的强大，称王称霸，制衡秦国亦是轻而易举的事。

大道独行 王安石

王安石的政论文章写得好，生活中的文章也不乏精品。《游褒禅山记》也是王安石的代表作。宋仁宗至和元年（公元1054年），王安石任舒州通判时和几个朋友一起去游褒禅山，回来后写下了这篇文章。表达了要想做成一件事必须有坚定的志向和顽强的毅力，如果半途而废，就不能见识到最美丽的风景。就算最后没有实现愿望，但自己已经尽力了，也可以无悔了。不只游玩寻胜如此，治学写文，为人处世都应该是这样的啊。

附《答司马谏议书》原文：

某启：昨日蒙教，窃以为与君实游处相好之日久，而议事每不合，所操之术多异故也。虽欲强聒，终必不蒙见察，故略上报，不复一一自辨。重念蒙君实视遇厚，于反复不宜卤莽，故今具道所以，冀君实或见恕也。

盖儒者所争，尤在名实，名实已明，而天下之理得矣。今君实所以见教者，以为侵官、生事、征利、拒谏，以致天下怨谤也。某则以为受命于人主，议法度而修之于朝廷，以授之于有司，不为侵官；举先王之政，以兴利除弊，不为生事；为天下理财，不为征利；辟邪说，难壬人，不为拒谏。至于怨诽之多，则固前知其如此也。

人习于苟且非一日，士大夫多以不恤国事、同俗自媚于众为善，上乃欲变此，而某不量敌之众寡，欲出力助上以抗之，则众何为而不汹汹然？盘庚之迁，胥怨者民也，非特朝廷士大夫而已。盘庚不为怨者故改其度，度义而后动，视而不见可悔故也。如君实责我以在位久，未能助上大有为，以膏泽斯民，则某知罪矣；如曰今日当一切不事事，守前所为而已，则非某之所敢知。

无由会晤，不任区区向往之至。

第五章

君子如兰

❀ 清官廉吏

在王安石任舒州通判时,有一天,他正在书房里看书,下人来报说丰南县知县陈圣求见。王安石听了,略有些疑惑,这个人他多少有些了解,并没有什么好感。不知他来有什么事,还是见见再说吧。于是吩咐下人让他进来……

陈圣已经干了十几年的知县,但是人品不好,曾经因为夸大水灾冒领救灾款被上司发现,受到处分,一直没能升迁。这一年又到了考核的时候了,陈圣花了很多钱上下打点,希望各位考核的官员能够给予他一个好评,顺利升职。王安石作为他的顶头上司,评语对他至关重要,所以陈圣就带着银两来了。

陈圣一进门,看到王安石,立马脸上堆出笑来,施礼道:

"王大人，您好！下官陈圣给您行礼了！"

王安石看他一脸奴才相，心中不喜，勉强道："免礼。不知陈大人找本官何事啊？"

陈圣嘿嘿笑道，不接话，却是四处打量王安石的住处，啧啧叹道："大人，您看您一个州官，官寓却这么寒酸，真是清廉如水啊！下官都有些看不过去了。"

王安石心中反感，这种人懂什么是"清廉"二字吗？耐着性子说道："陈大人，本官这里确实没什么值得看的，陈大人若想找点稀罕之物，只怕是找错地方了。"

陈圣赔着笑道："大人误会了，下官不是来找东西的，是来送东西的。"

说着，从怀里掏出一包东西放在桌上："大人，下官见您初来乍到，用钱的地方很多。有心帮大人一把，这是下官的一点心意，还请您笑纳。"

王安石已经明白了他的意思，当下冷下脸来，问道："不知陈大人这钱从何而来？"

陈圣道："大人请放心，这乃是下官的俸禄，不会害了大人的。"

王安石冷哼一声，道："我一个通判，难道还不如你知县的官俸多吗？我尚且没有余钱，你又哪来的余钱贴补我？只怕是民脂民膏吧？本官却不敢收。来人哪！送客！"

陈圣一听，急了："这，大人，您听我说啊！……"

不等陈圣说完，下人已经进来了，见王安石脸色不好，便拦在陈圣面前，道："陈大人，您还是请回吧。"

王安石在里面接道："把东西拿走。恕不远送！"

陈圣见没有了指望，不由得恨得一跺脚，只好拿起银两

大道独行 王安石

灰溜溜地走了。出了州府府衙,还不忘回头骂一句:"不识好歹!这天底下哪有几个官儿不收贿赂的,那还不得饿死?哼!"

他虽然骂,心里也是惴惴不安,只怕自己这一次升职又要落空了。

果然,王安石在给他的评语中据实写道:"行为有缺。"

陈圣的升官梦再一次破灭了。

消息传出去以后,很多人都觉得王安石不近人情,但是也不得不敬佩他的清正廉洁,再没人敢来送礼了。

但是后来,时间过去得久了,王安石的官做得也大了,有些人就忘了这件事,还想去讨好王安石。有一个人听说王安石连一方像样的砚都没有,于是,就挖空心思弄到了一方宝砚,去见王安石。对他说:"这可是方宝砚,一呵气便能出水,给您这样的人用才不埋没了它啊!"

王安石却笑道:"纵得一提水,又能值几何牵?"

王安石的话意思是说,就算是一肚子水,没有墨也写不出好文章来,要那水有何用?其实暗讽那人"胸无点墨,一肚子坏水"。

送砚的人听了,惭愧而去。

再宝贵的东西,王安石也不放在眼里。莫说是别人刻意讨好的东西他不会接受,就是他自己的钱,他认为来得"不太正"的也不会用。

王安石虽然不被后人认为是一个书法家,但他的字也写得很不错,"清劲峭拔,飘飘不凡,世谓之横风疾雨"。所以,也常常有朋友到他办公的地方求他题字,过后送一些"润笔费"。这乃是当时的惯例。但王安石却认为这钱花着心里别扭，于是就把钱全部封在一个袋子里，挂在房梁上，因为本不是公家的，所以不算公费，他自己也不用。有一年，王安石因事回乡，同事便把这些钱取下来花掉了，王安石知道后很生气。

王安石的清廉乃是出自他的本心，对于吃穿用度等身外之物，他从来都不在意。就算已经身处宰相之位，也从未变过。

在王安石当上宰相后，他儿媳妇一个姓萧的亲戚之子因事到京城，来拜访王安石。王安石见是家乡之人，又与儿媳有亲戚，就约他第二天来吃饭。这位萧公子一听丞相大人请吃饭，高兴得不得了，以为丞相家的饭菜必定是美味佳肴、珍馐玉馔。所以，第二天一大早没有吃饭，就穿着最好的衣服前来赴宴。

等到已经过了正午了，王安石还没有忙完公事，萧公子早饿得肚子咕咕叫，可又不敢离去。又过了很长时间，王安石终于忙完了，才唤萧公子出来坐下吃饭。萧公子一看，桌上没有水果也没有瓜子等零食，心中觉得奇怪。酒过三巡，下人先端上桌两个胡饼，又端来四个小菜，不久便上饭，旁边只有菜羹。这位萧公子平日里也是娇生惯养的，哪里吃过这样差的饭菜？于是就不再下筷子。但是又实在饿得受不了，就拿起饼把饼中间软和的部分吃了点，剩下四边的就又丢到桌上了。王安石见他不吃，太浪费了，就自己拿过来，把萧公子吃剩的饼吃完了。萧公子一见，深感惭愧，出了相府以后，对人说，王安石虽然位居丞相，自己吃的也不过如此。

王安石也像他的父亲王益一样，不管家中财务，官俸发

大道独行 王安石

下来就交给家人,任由他们去花,从不过问,所以,一生也没什么积蓄。第一次罢相时,神宗赐他钱两,第二次还赐给他一匹马让他代步,但直到这匹马死去,也没见王安石骑过,他也从来不坐轿子,平日出行只骑一头小毛驴。

事亲至孝

王安石是一个至情至性之人,对家人非常好。对长辈更是孝顺。少年时跟随父亲走了很多地方,父亲的一言一行也都影响着他。廉洁自律,一心为公,父亲的言传身教,王安石一生都在恪守。王益去世后,王安石第一次经历至亲的生死离别,心中悲痛万分……

"昊天一朝畀以祸,先子泯没予谁依?精神游离肝肺绝,眦血被面无时息。母兄呱呱泣相守,三载厌食钟山薇。"苍天啊!为什么忽然给我们家降下这么大的灾祸,父亲一朝仙逝,以后我还有什么人可以依靠?这种失去亲人的痛苦和无可依赖的孤独使我肝肠寸断,精神恍惚。不要说头发蓬乱,根本不知道去梳洗,哭泣至伤心处眼睛里都流出血来。这种悲痛之情无论如何努力也不能压制。母亲、兄长和弟弟妹妹们守在一处,一边伤心哭泣一边给彼此安慰。连续几年,我们都无法从这种伤痛中走出来,每到吃饭时,看到桌上为父亲摆放的碗筷,心里又开始难受,饭也吃不下去了。

王安石的诗词文章都很平实,很少夸张修饰。在他的这首诗里，描写的正是当时的真实情况。这首诗写于他中进士以后，距离王益逝世已经有 5 年左右了。但是其间的伤痛之情仍然让人落泪。后来，熙宁元年（公元 1068 年）王安石奉诏进京，闲暇之时与朋友重游西太一宫，这正是当年父亲和兄长带他来过的地方，想起往事，更是悲不自胜，写下两首催人泪下的题壁诗：

其一

柳叶鸣蜩绿暗，荷花落日红酣。

三十六陂春水，白头想见江南。

其二

三十年前此地，父兄持我东西。

今日重来白首，欲寻陈迹都迷。

初读之下似乎并不觉得如何，但若细读，其中哀伤之情真是"绝代销魂"了。

王安石对祖母和母亲一样至孝。曾经因为祖母年迈需人照看多次推辞朝廷的任命。在他的母亲去世以前，王安石一直不愿进京，卷到朝廷的是非争斗中。

王安石的母亲吴老夫人也不是普通人家的女子，老夫人识文断字，喜欢读书，到了老年，还常常拿着书本看，而且记性很好。做事果断，明白是非，在很多事情上都有自己的独到见解，非常人所能及。她虽是王益的继室，却对王益前妻留下的两个孩子王安仁和王安道很是照顾，与亲生一般无二。

王安石每到一地，都把家人带着。嘉祐八年（公元 1063 年），吴老夫人在京城王安石的家中去世，王安石辞去官职，回到江宁为母亲守孝。王安石麻衣孝服，在母亲坟墓旁边盖

大道独行 王安石

草棚居住,地上铺上秸秆稻草之类的,王安石就坐卧在上面。因为哀伤过度,面容憔悴,身体消瘦,几乎让人认不出来了。

荆南的知州潘夙因为有事情要告知王安石,就写了一封信交给信差带去金陵。信差根据路人的指引,找到了王安石住的地方,见一个老头儿坐在地上,骨瘦如柴,面容枯槁,以为是王安石家的下人,便对他说道:"我这里有一封书信,是给你们家舍人的,麻烦你快送到家里去交给他。"("舍人"是当时对贵族子弟的称呼)

这个被信差当做下人的"老头儿"正是王安石,此时他才不过40多岁,却因为伤心过度,看起来像个老人了。王安石也没有纠正信差的话,只是接过书信坐在草铺上就拆开来看。信差一看,急了:"我说你这老头儿!这信是给你们家舍人的,你一个下人怎么能拆开看呢?舍人怪罪下来,你担当得起吗?就是我也没法交差啊!"

信差在这里急得大呼小叫,引来了路过的人。众人赶来了解了情况,松了一口气,对信差笑道:"你呀,别在这儿喊了。眼前的正是你要找的舍人,可不是什么下人。"

又小声解释道:"王舍人是因为老夫人去世,伤心所致啊!"

信差听了,这才明白,一个劲儿地向王安石道歉。王安石只是略摆一摆手,并不计较。天底下竟有如此孝顺的人啊!信差出去以后,嘴里还忍不住不停地赞叹:"好舍人!好舍人!……"

王安石不仅对长辈很孝顺,对弟弟、妹妹和儿女们也很疼爱。王安石的几个弟弟、妹妹幼年时都跟随他读书习字。

几个弟弟后来都出人头地,文风多从王安石,当时人称"王家家风"。虽然后来王安国与王安石在政见上有所不同,但也是名重当时,而且也没有影响到他们兄弟之间的感情,王安石写有很多给弟弟们的诗词书信,讲述自己的事情,寄托思念之情。

王安石的三个妹妹也都有才名,尤其是大妹。大妹14岁的时候出嫁,受到长安县君的封号。在嘉祐五年(公元1060年),王安石奉命出使辽国,临行前见到了大妹。几个人围坐在灯前,回忆起在一起的趣事和别后各自的经历,只觉得倍感亲切。可是一想起别离又不觉伤感起来。自从大妹出嫁,随丈夫宦游在外,王安石也是漂泊不定,二人聚少离多。离上次见面已经隔了3年时间,而这一次,王安石马上又要远赴辽国,再相见不知道是什么时候了,只能凭借书信来往,并托那鸿雁寄托思念之情。这首《示长安君》充分表达了王安石兄妹之间的真挚感情,令人感叹不已:

少年离别意非轻,老去相逢亦怆情。
草草杯盘共笑语,昏昏灯火话平生。
自怜湖海三年隔,又作尘沙万里行。
欲问后期何日是,寄书应见雁南征。

其中"草草杯盘"两句把兄妹相逢时灯下细数家常的温馨画面表达得真切动人,真乃千古佳句!而后面相见匆匆又要相隔万里的离愁别绪也感人至深。

对儿子自不必说,对女儿也同样疼爱。王安石有三个女儿,长女是在鄞县出生的,所以小名就唤作鄞女。但是鄞女不到2岁就夭折了。自己的亲生孩子这么小就夭折了,王安石的悲伤可想而知。鄞女就葬在鄞县,王安石亲自为她写了

大道独行 王安石

墓志铭。

皇祐二年（公元1050年），王安石任满，就要离开鄞县了，可是鄞女却要永远留在这里了。临走之前的一个夜晚，王安石再一次驾着小舟来到鄞女坟前，向她道别。想起女儿出生后，牙牙学语，蹒跚学步，给一家人带来多少欢笑，那时是何等的开心！可如今想起来却只是满腹辛酸，满眼忧伤。王安石不过刚刚30岁，可是想到生死之事，却觉得心境苍凉，仿佛像一个垂暮的老人了。鄞女啊鄞女，人生在世有多少事是身不由己啊！爹爹想在这里陪着你，不让你感觉孤独，可是皇命在身，爹爹还有很多事情要做，不能不走啊！今夜来与你诀别，从此后，就要死生分两地了！

王安石所有对女儿的怀念和不舍都融在了这首《别鄞女》中：

行年三十已衰翁，
满眼忧伤只自攻。
今夜扁舟来决汝，
死生从此各西东。

除了早夭的鄞女，王安石还有两个女儿，大女儿嫁给同僚吴充之子宝章阁待制吴安持，吴充后来继王安石为相。小女儿嫁给蔡卞，乃是徽宗时宰相蔡京的弟弟。王安石对这两个女儿也很疼爱，等女儿出嫁后，常常怀念。有一年，王安石送弟弟安礼进京。来到江边，想起当年也是在这里送别大女儿的，微雨中，情形何其相似，但匆匆之间已经是好多年过去了。蒙蒙细雨更添了几分离别的惆怅和对女儿的挂念。于是，就写了一首诗托安礼带给女儿：

荒烟凉雨助人悲，泪染衣巾不自持。
除却春风沙际绿，一如看汝过江时。

从王安石对亲人的种种事迹中可以清楚地看出,他孝敬长辈,关怀手足,疼爱儿女,是一个感情多么细腻的人啊!

荆公拒妾

古代男子没有婚姻法的约束,三妻四妾自然是平常的事情。尤其是有些名望的年轻才俊,更是左拥右抱,尽享齐人之福。在这种风气的影响下,不纳妾反而成了一种另类的选择,而我们的主人公又是怎么做的呢?

有一天,王安石的夫人吴氏和几个女伴在一起聊天。聊着聊着就说到自己的丈夫了。一个女伴叹口气说:"哎,我们家那个啊,都已经快60岁的人了,连我在内大小老婆娶了5个了,可是还不满足,整天盯着年轻姑娘看。这不,听下人说,不知又看上了哪个,正商量着要纳为小妾呢!我是管不了了,只能自叹命苦啊!"

另一个女伴也接过话头说:"这男人啊,都这样。我们家的倒没听说要纳谁为妾,可是十天倒有八天不回来的。跟着那一帮狐朋狗友,说什么谈论公事,吟诗作对,整天出入烟花之地。以为我们不识几个字好糊弄吗?谁不知道他们那点儿花花肠子!可是,你又能怎么样呢?"

又一个女伴道:"这男人三妻四妾都成规距了,妻妾成群才显得威风哪,所以,一个比着一个来。哪个少娶一个或者娶慢一步就好像要从他脸上剥层皮似的。"

大道独行 王安石

前面的女伴又道:"可不是嘛!他们倒是有面子了,却不管我们的死活。糟糠之妻、糟糠之妻,说的时候满嘴仁义道德,做的时候却早被他们忘得一干二净了。"

又有人说:"女人就是命苦啊!谁要是能遇着个一心一意对你,一辈子只娶你一个的丈夫那可真是几世修来的福分了!"

"我说啊,你要嫁给当官的,嫁给有钱的,就别存这个指望了!他们要不娶几个小妾,倒显得你没有度量,容不下人呢!"

几个人在这里七嘴八舌地抱怨,吴夫人只是含笑不语。忽然一个女伴想起什么来,对大家说:"大家先停一下,我忽然想起就咱们王大人只娶了吴家妹子一个人呀!"

"是呀,你一说我也想起来了,怪不得吴家妹子刚才不说话呢!好妹妹,快告诉姐姐们,你是怎么管住你家那位的?"

众人的眼光一下子全聚在了吴氏身上,倒把吴氏看得不好意思,勉强笑道:"姐姐们说笑了,我哪有管他?就他那样儿,若不逼着他,脏衣服都不知道换,谁家的姑娘愿意给他做妾啊!"

一女伴笑道:"妹子这话就不对了。哪要人家看得上看不上的?只要你们王大人看上人家姑娘,哪有不愿意的?一定是你管得严,还不好意思说?"

另一女伴解围道:"你可别这么说吴家妹子,人家脸皮薄儿。王大人我是知道的,那才真是正人君子,从来不去那种不干净的地方。"

又一女伴接道:"是呀是呀,王大人的人品是没话说。

不过，吴家妹子，不是姐姐说你，王大人也40多了，你们家男丁又少，还是让他纳一个小妾，再给王家生几个儿子传宗接代才是正理儿。平常不用事事都要你一个人操心了，也显得你为人大度，省得人说闲话。"

吴氏听女伴们说得在理，虽然心中有些不乐，却不能说什么。只得解释道："不是妹子不让他纳妾，而是我家官人的心思根本就不在这上面。就是我说，他也不会同意的。"

刚才的女伴道："那还不容易吗？你直接给他找好了，送到他房里去。我就不信他还能打你骂你不成？这可都是为他考虑，他夸你还来不及呢！只怕妹子不愿意呢，嘻嘻……"

一群人在那里嘻嘻哈哈，说笑不停。只是，说者或许无意，吴氏倒还真把这事儿记在心上了。

巧得很，在回来的路上，恰遇见一群人在那里围观，指指点点说着什么。吴氏本无心看热闹，却在经过时听到身边的人说："这女子长得也算不错了，可惜身遭不幸啊！"

另一人道："你若真同情她，把她买回家去得了。既得了佳人，又做了好事儿，可不是一举两得？"

先前说话的人道："你可别提了，我家里那几个已经天天吵得我头疼死了，再买一个回去，还不得闹翻天啊！同情归同情，咱可不敢买，而且价也高了点儿。但愿她能找个好人家吧。"……

吴氏听在耳中，倒正撞着她的心事。于是，也上前去了解情况。只见前面空地上跪着一个女子，衣服倒也整洁，不像普通人家女子。面前放着一块牌子，上面写着"卖身赎

大道独行 王安石

夫",下面有详细的说明。身价90万钱。

吴氏看她模样还算周正,便上前细问。原来这个女子本是江宁一个军将的妻子。几个月前,丈夫押送粮船来京,结果路上遇到风浪,粮船沉没,船上的人也都失去了踪迹。她的丈夫只身脱险,来到漕运司请罪,被漕运司硬索罚金500万钱,交不出就只能永远关进大牢里了。女子得到消息后,变卖家产,东挪西借,也还差90万,怕丈夫再生意外,就匆匆赶来,希望能够求得漕运大人法外开恩放她丈夫回去。结果,无论如何说情,漕运司就是不答应。女子在京城举目无亲,不只没有落脚的地方,连吃饭的钱都没有,又不敢动用救丈夫的赎金,被逼无奈只好卖身。

女子一边说,一边哭。吴氏也禁不住流下眼泪来,于是便对她说明来意,愿意出90万买她回去给丈夫做妾。

女子见吴夫人举止气度不凡,人又温和,当下便点了头,感激涕零。于是,吴氏带着她一起回家。路上简单把家中情况告诉给女子。

王安石还没有回来,吴氏一边吩咐下人给那名女子准备了饭菜和新的衣服首饰,让她饭后沐浴更衣,准备等王安石回来伺候。另一边又让人拿了钱送到漕运司赎人,把情况说明。女子的丈夫出来后,见事已至此,虽然心中不舍,也是无可奈何。

王安石回家后,不见夫人来迎,倒也没有在意,直接去了书房。正在写公文,一女子端了茶水送来,唤道:"官人,请用茶。"

王安石当是平时的下人,也没注意她称呼,头也没抬,只吩咐放下。

过了一会儿,王安石发现女子放下茶后却站在原地不动,不由得诧异,这才抬起头来。见是一个陌生的女子,便问道:"你是何人?还有何事?"

女子低了头,答道:"回官人,奴家是夫人新给您买回来的侍妾,是奉夫人之命前来服侍您的。"

王安石一听,不由得来气:"真是胡闹!这里用你不着,去给夫人说一声,你从哪里来还回哪里去吧。"说完手一挥,低下头接着写。

女子一听,立马跪下了:"求大人不要赶走奴家。奴家是为了救丈夫才卖身的,如今得了夫人的钱,丈夫已经救出来。大人看不上奴家,奴家可哪来的钱还您啊?"

王安石一听,其中大有缘故。便停下笔,细问道:"看你模样,也是良家女子,究竟是怎么回事?"

女子于是便把原委述说一遍。

王安石听完,更是不满夫人所为,这不是乘人之危嘛!于是问道:"如今仍让你与丈夫团圆你可愿意?"

女子哭道:"小女子与丈夫原本感情很好,若得团圆如何不愿意?"

王安石道:"既然如此,我这就派人寻你丈夫来,把你领了回去。"

女子感激不尽:"谢大人恩典,可是这钱……"

"不用说了,这点钱我们家还是拿得出的,就当是送给你们夫妇了,回去以后好好过日子也就是了。"

女子叩头不已。

不久,女子的丈夫被找来,王安石鼓励他几句,让他们二人一起走了。二人是说不尽的感激。

这边吴氏见丈夫如此做法,既觉敬佩又暗自惭愧,见王安石不搭理她,只好自己前来赔礼道歉,夫妻感情这才和好如初。

雅好读书

王安石从小就喜爱读书。少年时"夜读和罚赋"的故事流传很广。等王安石踏入仕途了,依然坚持着这种读书的好习惯,留下一段段精彩的故事。

在王安石任淮南签判时,还是像以前一样常常读书到深夜。但是,这时他已经是有公务在身的人了,每天都要按时去工作。所以,读书读得太晚了,睡眠的时候就很少。有时候只是靠在椅子上打个盹儿。甚至来不及洗漱就匆匆忙忙地赶去上班。当时,韩琦担任扬州太守望,是王安石的上级。韩琦见王安石总是蓬头垢面,急急忙忙地来,以为他也和别的年轻人一样纵情声色。因为当时,很多读书人中了进士得了官职以后,都开始贪图享乐。韩琦怎么会想到王安石是因为读书而彻夜不眠呢?

这一天,韩琦又见王安石没有梳洗就赶来,就找个时间对他说:"安石啊!你现在年轻,还有很多事情可以做,有时间不如多读读书,不要自暴自弃,耽误了自己的前途啊!"韩琦本也是好意,话也说得委婉含蓄。王安石却一听就知道是他误会自己了,但是却没有分辩。韩琦以常人之心来揣测王安石的行为,却哪里知道他的志向呢?

在舒州的时候，王安石常常在舒台秉烛夜读。静静的夜里，高高的舒台上烛光明亮，仿佛一轮皎洁的明月悬挂在空中，在烛光的映照下纱窗上现出的是一个沉浸在书中的身影，构成了一幅美丽动人的图画。当地的百姓，深夜中起来，还习惯性地望一望舒台的方向，见到烛光仍在，便觉得一种温暖。这一景象深深地印在百姓的心中，也给后人留下了无尽的向往和怀念。

明监察御史李匡诗云："舒王台榭高百尺，舒王事业人不识。至今忽见明月来，台上犹疑照颜色。"潜邑令李载阳亦诗云："台高月皎洁，清影照回廊。至今留胜迹，千古有余香。"

王安石的性格一向与众人格格不入。即使是在宴席上，别人都在聊天喝酒，王安石却常常沉浸在自己的世界里，思考着一些问题。

在常州任上时，很少有人看到宴会上王安石在众人面前有笑容，因为他本来就对那种毫无意义的饮酒作乐很反感。

这一天，在众人的张罗下，邀请了一干宾客同僚共聚一堂大摆宴席，还请了艺人来弹琴唱曲儿。王安石也在座，但他的心思却根本不在这里。席间艺人献艺，众人一边欣赏一边赞叹，王安石也忽然开怀大笑起来。宾客们都是惊讶不已。宴会后，大家把艺人叫过来，给予厚赏："你的技艺真是很好啊，连我们太守都笑逐颜开，确实应该重重奖赏！"

有一个人还是有些了解王安石的，暗想：我们太守什么时候会对这感兴趣，那才奇怪呢？恐怕他并不是因此发笑吧？于是，为了证明自己的猜想，就找了个时间，私下里问王安石："大人，那天宴请宾客时，大人想起了什么高兴事？

大道独行 王安石

平日可不见您笑啊!"

王安石一想想起来了,不由得笑道:"那天啊,我偶然间想起《咸常》二卦,忽然领悟到其中的一些道理,心中高兴,忍不住就笑起来了。"

"呵,我就说大人不会因为艺人而开怀大笑嘛!那帮人真是不了解大人的为人!"

王安石一听,不明所以:"这是怎么回事呢?"

于是,问的人讲述了大家重赏艺人的事。

王安石也笑了:"那些个艺人啊,我都没注意他们演奏的是什么!辜负了大家的好意。"

后来,问话的人把这件事情讲出去,人们才更加了解王安石的与众不同,时时刻刻都在想着书中学问。

王安石读书很广博,对佛经的兴趣也很浓。曾巩总想着拿这件事取笑他一番,但却一直没找到合适的机会。有一年,曾巩到了南昌,安顿好之后,第二天就去看望王安石。二人很久不见,自然是有很多话要谈。过了不久,王安石的另一好友潘延之也来看望王安石。

潘延之名叫潘兴,当时的人都很推崇他的才情,公卿名士交相向朝廷举荐他,但他却无意功名,而是每天弹琴看书,自得其乐,还给自己取了一个淡雅的字号"清逸居士"。潘延之崇尚佛道,曾经向黄龙南公问道,深得其真传。与王安石很谈得来。

王安石见潘延之也来了,更是心情大好,请他坐下来,三个人一起聊天。

王安石对曾巩说:"子固,潘先生可是禅学大家,你可要好好听听他的见解啊!"

曾巩点头，心中却颇不以为然。曾巩虽然有时也谈佛理，却并不信佛。心想，正好找个机会打击一下你对佛经的热情。于是，认真听两人在那里谈论。

王安石问潘延之最近对于禅理又有什么心得，潘延之侃侃而谈，王安石听得很认真，曾巩却只是在那里一个劲儿地盯着潘延之看，貌似也在听，其实根本就没往心里去。

过了一会儿，几个人又谈论到人物上。潘延之说："某人可秤。"

曾巩一听，来了兴致，问道："像我们这些人只承袭道家的老庄教诲而不去信奉外来的佛教，也值得一秤吧？"

曾巩言外之意，是批评王安石不去继承本土的传统哲学，却对佛教推崇备至。

王安石正色道："子固失言了！善于学习的人看书，并不是单纯地听从书中的论断，而是只探究其中的道理。若是说的在理，合乎自己心意，那么就算这话是出自砍柴的樵夫和放牧的牧童，也会接纳。反之，若是言之无理，就算是周公和孔子这样后世公认的圣人所说的话，也不应当听从啊！这和是不是本土的或者是不是圣人所说的并没有必然的联系。"

曾巩听王安石拿正论来教育他，自知说话冒昧，便笑着自我开脱道："兄长何必如此认真，我不过是开个玩笑罢了。"

曾巩的一个小玩笑却使人们了解了王安石为何喜爱研读佛经，他并不是迷信佛教，而是因为佛经中同样蕴涵着大道理，为了寻求这种理才读书。会读书的人不是死记硬背，生搬硬套，而是要体会其中的深意，融会贯通。所以，不管是什么书，只要言之成理，对自己有益都值得去读。

大道独行 王安石

❀ 不拘小节

王安石一生品行端正、文采出众，就连他的政敌也不能不承认。但是，后人却留下了王安石不爱干净的一些趣事。不管是真有其事还是别人恶意造谣，这些故事却能让人看出王安石不拘小节、率真可爱的一面。

王安石因把心思全部用在了读书和政务上，自己的个人生活就显得一团糟。不只常常来不及好好梳洗，而且衣服也不知道换，若不是夫人催促，真不知道能穿到什么时候。王安石脸有些黑，于是，一些人就编出了一个笑话取笑他。

说是有一天吴夫人见王安石面色晦暗，以为他是生病了，就请了大夫来看。大夫来了仔细看后，便出来了。吴夫人让人准备了纸笔给大夫开药方用，大夫却摆摆手道："不用开药方。你家官人这面色啊，哪里是什么病，是脸上灰太多了，只需每天用澡豆多洗两遍脸就行了。"于是吴夫人令下人拿来澡豆，让王安石洗脸。王安石笑道："我的脸天生就是黑的，澡豆也奈何不得。"

在王安石任群牧判官时，与吴奎和韩维关系最好，天天在一起相聚。于是，就约定每一两个月就一起到定力院去洗澡。去之前，家人会把他们的衣服准备好，但王安石常常忘记带要换的衣服，而且他也不在意，洗过澡还穿之前的。有一次，吴奎等人和他开玩笑，趁他在里面洗浴时，把他的脏衣服拿走，在原处放上干净的衣服。王安石洗完出来，到放衣服的地方，把衣服穿上就走，根本就不知道衣服被人换了。

王安石既然不勤换衣服，那时的卫生条件又差，身上就寄生虱子了。有一天，王安石上朝时，一只虱子从头发里钻出来，沿着额角的头发爬来爬去。神宗虽然修养好，但看到了也忍不住笑出声来，并且再三地看那只虱子，忍俊不禁。王安石不明所以，但又不好开口问。等到退朝，王安石悄悄问刚才站在他旁边的王珪："皇上刚才因为什么发笑啊？你知道吗？"

王珪早就忍不住了，一听王安石问，更是乐不可支："介甫兄，皇上不是笑你，是笑你头上的那只虱子，哈哈哈……"

王安石一听，也不好意思了。急忙唤下人："快帮我把它捉下来。"

王珪笑道："介甫兄且慢，这可不是一只普通的虱子，不能就这么轻易地把它弄掉了，而是应该先歌颂它一番。"

王安石倒也认真："应该如何歌颂？"

王珪道："这虱子乃是'屡游相鬓，曾经御览'，来历不凡哪！"话未说完早又笑得东倒西歪了。

王安石一听，说的倒是实情，忍不住也笑起来。

还在仁宗朝的时候，王安石任知制诰。有一天，仁宗来了兴致，约一班臣子到皇宫里赏花钓鱼。内侍把金碟盛放的鱼饵放在桌几上。大家拿了鱼饵、钓竿找了位置坐在鱼池边钓鱼去了。王安石对于这类娱乐活动一向不感兴趣，也不会钓鱼，就坐在桌子旁边观看。因为钓鱼时间较长，大家也都

大道独行 王安石

在专心关注鱼竿动静,没注意王安石。

王安石看了一会儿,没意思,就开始想自己的事情了,甚至忘记了自己身在何处。偶尔回过神来,为了稍稍掩饰一下自己神游物外,免得被人认为轻视皇帝,就想给自己找点事做。看一眼旁边放着的金碟,里面好像是吃的,随手拿起来就填嘴里了。于是,王安石一边想事情,一边漫不经心地吃着。等到大家钓完鱼,回头一看,王安石竟然把一碟子鱼饵给吃完了!内侍传大家去用饭,王安石回过神来,顺口回道:"我已经吃饱了。"一干人笑了个够。

当时,仁宗还不知情,后来听说了,就去问丞相等人到底是怎么回事,众人把事情说明,并替王安石解释道:"介甫是因为不知道那是鱼饵才把它吃完的。"

仁宗笑道:"王安石是骗你们的吧?这话我可不信。若说是因为不知情误吃个一粒两粒的倒还情有可原,但吃下去一碟子,还吃不出那是鱼饵就有点说不过去了。"

皇家的食物,哪怕只是鱼饵也是美味得很,王安石可能还真就没见过那东西。况且他自己吃东西从来也不品味,只管填饱肚子就行了。

在王安石执政期间,有一天,一个客人到王安石家里做客,闲谈之际说到王安石爱吃獐脯肉。正好,吴夫人从外面经过,听到客人的话不由得疑惑起来:"官人一向对饮食并不挑剔,何时变得爱吃獐脯了?也没听他说过呀?"

吴夫人找来丫鬟:"刚才听客人说官人爱吃獐脯,你们可曾听说?"

丫鬟摇头:"回夫人,没有听说过啊。"

"那你去问问客人是怎么知道的。"

丫鬟领命去了，不一会儿过来回话："禀夫人，客人说见大人每次吃饭都把獐脯吃个一干二净，其他的菜动都不动一下，所以才知道。"

吴夫人一听，想想王安石平日吃饭的习惯，倒有些明白了。为了证实自己的猜想，让丫鬟再去问客人吃饭时獐脯放在什么地方。

很快，丫鬟得到了回答："客人说，獐脯就放在大人面前，离他最近的地方。"

吴夫人笑道："我就说嘛，他什么时候会挑食了？他从来都是只吃离得最近的菜。不信啊，你让那客人下次和他一起吃饭时换一样菜放他面前。"

客人一听，竟有这回事？我倒要试试看是不是真的。

于是，下次一起吃饭时，客人就换了一样菜放到王安石面前，结果正如吴夫人所说，他只吃这一盘菜，稍远一点的獐脯肉动也不动。

客人这才相信了。

衣服、饮食、娱乐之类的东西王安石哪里会放在心上。

特立独行

特立独行几乎是王安石留给人们的第一印象。他的一生始终坚持自己的观点和信念，不肯向流俗妥协。曾有人说，这是王安石最大的弱点，如果他能够稍稍屈服一下，多接受别人的意见，可能就不会导致变法的失败。然而，这何尝不是一种中国人

大道独行 王安石

最为缺乏的优点呢?天下正需要这样的耿介之人来担当大任啊!

在王安石任群牧判官时,顶头上司正是后来鼎鼎大名的包拯。与王安石同为群牧判官的是因小时候砸缸救人而妇孺皆知的司马光,同事还有吴奎等人。当时的群牧司也是人才济济。

因为群牧司是管理国家养马场和养马监的,当时边境还算和平,所以平时工作比较清闲。这一天,群牧司院子里的牡丹花开了,花团锦簇,夭夭灼灼,好不喜人!包拯一时兴起,就命人在院子里摆了酒席,邀大家一起来赏花。

王安石正在屋内看书,听见下人说包大人有请,以为是什么公事,也就出来了。只见院子里已经聚了不少人,大家围着牡丹观赏,旁边仆人们正在摆放桌椅果蔬之类的,原来只是饮酒作乐。这边司马光已经看到王安石了,热情寒暄道:"介甫快来!你看今年这牡丹开得多好!"

王安石也就走过去和大家一起赏花。不一会儿,酒席摆好了,包拯张罗着大家落座。一时间说说笑笑,觥筹交错,气氛十分欢快。过了一会儿,眼尖的包拯发现自己门下的两个大才子司马光和王安石面前的酒却没有动,于是问道:"今天借着牡丹花开,大家聚在一起喝喝酒,聊聊天,乐一乐,图个开心。只是,怎么不见君实和介甫饮酒啊?"

司马光和王安石都忙答道:"回大人,属下向来不喜饮酒。"

包拯道:"平常不喝酒可以,今天难得大家高兴,少喝一点也不为过。来来,我亲自敬你们二位。"

说着，包拯就离了座，走到司马光面前，说道："君实，你比介甫年长，我先敬你，你若不喝，介甫可就不好意思喝了啊！来，本官敬你！"

司马光见包拯亲自敬酒，受宠若惊，也忙起身道："大人言重了，怎敢让您敬酒呢！下官喝就是了。"

"这就对了嘛！"包拯一看司马光喝了，很高兴，让下人把杯中的酒添满，走到王安石身边。王安石也忙起身道："大人，您是知道的，下官确实不喜欢饮酒。"

包拯道："介甫不要推辞了。君实平日也不喜欢饮酒，还是给本官面子喝了一杯。你也少喝一点吧！"

"是啊！包大人敬酒怎能不喝，介甫，不要再固执了。"众人也纷纷劝道

王安石却依然坚持："大人，下官真的不喝，请您不要再为难下官了。"

包拯劝了半天也没劝动，只好自己找台阶下："介甫真乃耿介之人，他人不能左右。本官也就不勉强你了。"又对大家说："介甫不喝算了，我们大家喝！"

气氛这才又慢慢活跃起来。

这件事传扬出去以后，人们大都认为王安石不近人情。但是，也不得不佩服他能够坚持原则。

在王安石执政后，他的这种固执则更多地表现在政治上。司马光原本与王安石是好朋友，却因为不能理解王安石的思想，加上其他的一些原因，越来越强烈地反对王安石变法，最终成了王安石主要的政敌之一。"青苗法"推出后，在神宗的支持下，反对派势力受到了较大的压制。司马光不甘心，接连给王安石写了3封信，前后近5000字，在信中毫不

大道独行 王安石

客气地对王安石进行了种种指责,说王安石推行新法闹得天下大乱,人人不安,说王安石的做法是妄想以一己之力挑战全天下人。司马光除了批判王安石的做法外,还批评了他的性格:

> 介甫素刚直,每议事于人主前,如与朋友争辩于私室,不少降辞气,视斧钺鼎镬无如也,及宾客僚属谒见论事,则唯希意迎合,曲从如流者,亲而礼之,或所见小异,微言新令之不便者,介甫辄艴然加怒,或诟詈以辱之,或言于上而逐之,不待其辞之毕也。明主宽容如此,而介甫拒谏乃尔,无乃不足于恕乎?

司马光之言虽然夸大其词,但也可以看出王安石确实"刚直"得可以。和神宗谈论事情的时候,总是据理力争,不会因为对方是高高在上的帝王而曲意逢迎。和同僚们谈论时若是意见相合就很高兴,如果对方有不同的意见,反对新法,则不等对方把话说完就勃然大怒了。

"话不投机半句多",对于那些只知一味地攻击新法,自己却又拿不出更好的解决办法的人,王安石自然是不愿和他们废话。但是,对反对派进行的调动,多是由神宗皇帝做主,而且除了他们阻碍新法外,还有自己的品行能力出现了问题。司马光却把账全算到王安石头上,说他排除异己。对这些,王安石并没有进行辩解,他始终相信"清者自清",不愿做口舌之争。

司马光说王安石无视神宗天威,只能说明他自己的奴才心理。反对变法的人势力强大,神宗受他们的影响,难免有时摇摆不定,而他的态度对新法的推行起着决定性的影响。为了实现富国强兵的愿望，王安石与神宗之间确实发生了多次争论，而且绝大多数都是在王安石的坚持下使神宗作出了让步。

例如，当时有一个叫李评的人，是皇亲国戚，熟知礼仪典故，也懂些智谋术数，很受神宗的宠信。李评喜欢上书言事，神宗也大都接纳，但是李评为人刻薄，招权不忌，耳目众多，名声一直不太好。最为重要的是，李评反对新法，所以，王安石认为把这样的一个人放在神宗身边是对新法非常不利的。

熙宁五年（公元1072年），李评主持修改紫辰殿上寿仪制，结果改出来的比原来更混乱。王安石请求神宗治李评的罪，神宗却袒护李评，说就算改得不好，也不是李评一个人的错。王安石说："就算此事不是他一个人的错，但是李评擅自修改枢密副使蔡挺的文章，危害政事，也足以论罪了。"

神宗装糊涂，推说此事不知情，要问清再定。后来，王安石再问，神宗说："已经问过李评了，他说不知道这件事，枢密院的下人也都证实李评确实不知情。"

王安石指明神宗的漏洞："奏章都有枢密院副使的签字，怎么能说不知情呢？只不过是人们畏忌李评，所以不敢作证。"

神宗只好说："就算是改了，也没有多大事。如果出现差错再治李评的罪也行啊！"

王安石见神宗为了一己之私，竟然如此护着李评，置变法大业于不顾，不由怒道："陛下明知李评并非忠良之辈，却待他如此亲厚，如今罪状明白还为他开脱，这不是纵容奸邪之人继续为恶吗？陛下既然如此宠信李评，臣当避位。"

大道独行 王安石

你那么相信他就用他好了,我不干了,把位子让给他。

神宗一听王安石要辞职,慌了神,没有王安石主持,变法如何进行得下去?只好稍作让步:"我现在正依靠爱卿,你怎么能辞职呢?只是李评父亲已经年迈了,若是把李评罢去外地,无人照管,让李评去宫观如何?"

王安石也明白李评对神宗的重要性,见神宗已经做到这一步,算是难得,这才同意了。

后来,王安石与神宗之间还有多次争论,但都是为了改革大业,据理直谏。神宗知他的为人,所以,并不因他犯颜而生气,有时自己一时想不明白,与王安石发生争执,过后总是会认真思考,发现自己错了,就会及时恳切地向王安石道歉。正是因为神宗的这种优秀品质,才使得王安石没有太多顾虑,一心一意为变革大业勇往直前。

改诗趣话

"推敲"二字源自贾岛。

相传,唐朝诗人贾岛有一天骑着驴在大街上走。忽然想出两句诗来:"鸟宿池边树,僧敲月下门。"感觉对仗还算工整,意境也不错,可是又想是"僧敲月下门"好呢还是"僧推月下门"好呢?贾岛一会儿觉得用"推"好,一会觉得用"敲"好,一时定不下来,就在驴背上反复琢磨,并配合着"推""敲"的动作……

当时街上有很多人,见他在那儿自言自语,做着奇怪的动作，都很诧异，指指点点的谈论，贾岛却浑然不觉。一直走到官道上去了。

当时，韩愈任京兆尹，正好这一天出行。路上行人见了纷纷让道。贾岛却因为专心想着诗句，韩愈手下人吆喝都没听见，一直做着手势闯到出行队伍里面去了。被人强行扭下驴，送到韩愈面前，贾岛才反应过来是怎么回事，急忙向韩愈道歉。

韩愈也是一文学大家，听贾岛说是一句诗拿不准，思考之中误撞了进来，便不去追究他的责任，而是问贾岛拿不准的是什么句子。贾岛说了，韩愈一听，确实为难，仔细品味半天，才对贾岛说："用'敲'字吧，以动衬静，更显空寂。"

贾岛点头道谢。韩愈又问了贾岛姓名来历，邀他一同去自己家谈论诗词文章，两人成了好朋友。

后来，"推敲"就成了一个词语，用来比喻写文章或做事时，反复斟酌，以求达到最佳效果，反映的是一种做事认真的态度。王安石向来是一个做事认真的人，在他写作诗文时也常常反复"推敲"。

神宗继位后，王安石奉诏进京。路过瓜洲时，船停下来歇息。王安石走出船舱，此时，已是深夜，一轮明月正悬挂在空中，平静的水面仿佛镀上了一层银色的光芒。已经是春天了，风吹拂在脸上，已经不再冰冷刺骨，岸边的树木也开始焕发新的生机。

王安石站在船头，遥望对面静默的群山，那群山后面就是钟山啊！仿佛昨天还在那里和朋友们谈经论道，向弟子们

大道独行 王安石

讲解经义。如今一水之隔，自己却要渐行渐远了。未知的前途，未知的命运，自己这一去能不能实现自己的理想？这其间又要经历多少的风浪？抬头望月，不禁想问，明月啊明月，你远居尘世之外，冷眼看着这世间的人与事经历千万年的变迁，可能告诉我，我何时才能够从容回还，息影于那钟山之中？

王安石站立良久，却只见群山静默，冷月无声，只有那微风轻轻吹过。

仆人从船舱中探出头来："大人，夜已深了，外面冷，还是进船舱里吧？"

王安石点点头，回身进入船舱。可是他的思绪还停留在外面，于是走到案边，把自己的感受写成一首七绝——《泊船瓜洲》：

京口瓜洲一水间，
钟山只隔数重山。
春风又到江南岸，
明月何时照我还？

写完后再细细品味，觉得别的都好，只是这"春风"一句中"又到"二字似乎过于平淡，有些不妥。不如改为"又过"？说那春风也像我一样只是一个匆匆过客，转瞬即逝？王安石提笔把"到"改为"过"，再品味，又觉得那春风不应是过客，否则就显现不出来自己的思归之情了，于是又改为"入"，改为"满"……直到最后想起春风所至，草木转绿，唯一"绿"字最能体现春天特色，把"绿"字换上，再读才觉得动态皆现，形神兼备。

王安石心中高兴，不觉哈哈大笑起来。仆人正坐在那里打盹儿，猛然听到笑声，惊得急忙睁开眼睛，问道："大人，发生什么事了？"

王安石已恢复常态，回道："哦，只是改了多次才终于找到满意的字来配这首诗，心中高兴。你去睡吧，不用守着。"

仆人答应一声，心想我们家大人可真够孩子气的，一个字而已，也值得这么较劲儿？不过，若不如此，倒不像我们大人的作风了。唉！反正咱是不懂那些东西，还是睡觉要紧。

王安石可没工夫理会仆人在想什么，仍然在看自己那首诗，突然又发现，用"绿"字好是好，可是如此一改，满是生机，倒是与自己写诗的心情不相符了，思量再三，最后把"又"改为"自"。在我离开的这段时间里，春风来到这里，见不到我，无人欣赏，只能是"自绿江南岸"了。

终于把这首诗改好了，王安石这才安心地去休息。

后人才有了这首经反复修改才定下来的千古名篇可以欣赏：

> 京口瓜洲一水间，
> 钟山只隔数重山。
> 春风自绿江南岸，
> 明月何时照我还？

王安石自己的诗总是经过反复推敲，在读别人的诗时，也会反复琢磨。如果发现有更好的句子可以代替，就给对方改一改，换成自己满意的。

有一年，刘攽（《资治通鉴》汉史部分编著者）出任泰州通判，离开京城的前一天晚上在馆阁壁上写下一首题壁诗：

大道独行 王安石

> 璧门金阙倚天开，五见宫花落古槐。
> 明日扁舟沧海去，即将云里望蓬莱。

"蓬莱"原是传说中的海上仙山，也用来代指馆阁。刘攽后两句的意思是说，明天就要乘船远去了，很快就只能向云里回望馆阁了，表达了一种依依不舍之情。王安石见到这首诗后，觉得云还是可以清楚地看到的，如果连云都看不到了还在那里望不是更能体现眷恋之情吗？于是，就把"云里"二字改成了"云气"。回望时只见一团云气，什么都看不清，可还是忍不住地遥望，希望能够找到馆阁的影子。刘攽听说后，果然比自己原来的意境要好，真心佩服，后来对友人吟诵时，就按王安石改过的，并把它收入自己的文集。

王安石改的诗也有引起争论的时候，在王钦臣被召至馆阁，参加完考试后，也在馆阁写了一首题壁诗：

> 古木森森白玉堂，长年来此试文章。
> 日斜奏罢长杨赋，闲拂尘埃看画墙。

王安石看到后，把第三句改成"日斜奏赋长杨罢"，说"诗家语如此乃健"。确实改过之后，诗多了几分气势，但也有人认为破坏了原句的浑然天成，"语健而意窒"，见仁见智，看法不一。

当时人的诗可以改，古人的诗也不见得就是完美的，当然也要改了。

王安石有一首著名的《梅花》绝句就是改古人的诗改来的。原诗为六朝苏子卿的《梅花落》："中庭一树梅，寒多叶未开。祗言花是雪，不悟有香来。"被王安石改为《梅花》：

> 墙角数枝梅，凌寒独自开。
> 遥知不是雪，为有暗香来。

王安石改过的诗一出，苏子卿的诗也被淹没了。

有趣的是，喜欢改诗的人并不只是王安石一个。这不，苏大学子来了。

这一天，苏轼去王安石的书房找王安石，恰好王安石正在外面接待别的客人，仆人让苏轼在书房稍等一会儿，自己也出去了。

苏轼在书房里转悠，看到书桌上铺着纸，墨迹未干。走过去一看，原来是两句未写完的诗："明月枝头叫，黄狗卧花心。"一看便是王安石的笔迹。苏轼不禁好笑："这个野狐禅，只想着标新立异，写诗都写出妖怪来了，明月怎么会叫，黄狗又怎么能卧到花心上？"

苏轼自以为又找到取笑王安石的由头了，心痒痒，手也痒痒，终于忍不住提起笔把王安石的诗改为："明月当空照，黄狗卧花荫。"他倒好心，还怕王安石回来后，看到他改的诗，当着他的面不好意思，于是也不与人说，自己就走了。

过了一会儿，王安石忙完回到书房，正要接着写诗，却发现已经被人改动了，不由得有些生气，叫过仆人来，问是谁改的。仆人回答说不知道，只是刚才苏轼来过了，现在不知道去了哪里。

王安石明白一定是苏轼改的，也没说什么。

不久之后，苏轼因事被贬至合浦。有一天在外面散步，看到一群孩子围着花丛唤："黄狗罗罗，黑狗罗罗，喽罗罗罗……"苏轼一听好奇心起，就走过去问孩子们黄狗黑狗在哪里。一个孩子指着花心里刚爬出来的一条黄虫子说道："这个就是黄狗呀！快快，快捉住它。"

苏轼一听，原来花心里的小虫子叫黄狗啊，猛然想起自

大道独行 王安石

己不久前改过的王安石的诗，心中惴惴，难道是我改错了？王安石所说的卧花心的黄狗就是这种小虫子？那么"明月"又是怎么回事呢？难道也是另有所指？

苏轼一边寻思，一边往前走。这时耳边传来几声清脆的鸟叫，旁边一个老人抱着个孩子在那里玩耍，小孩子也听到鸟叫声，抬头观望，用小手指着树上的鸟儿咿咿呀呀。老人笑着对孩子说道："那个鸟儿叫'明月'鸟，叫得好听吧？记住了，可不是天上的明月哦！"

苏轼这才明白，自己孤陋寡闻，完全把王安石的诗改错了。但是，王安石却从来没再提起过这件事。若不是苏轼自己说出去，后人还不知道有这么一段趣事呢。

义救苏轼

苏轼是北宋著名的文人，词写得很好，《赤壁怀古》《江城子·乙卯正月二十日夜记梦》《水调歌头·明月几时有》等深受人们喜爱。但是，文章写得好，并不代表政治见解也高。在王安石变法期间，苏轼也是强烈反对新法中的一员。但是，王安石对他始终是一种宽容的态度，"乌台诗案"发生后，早已归隐山林的王安石还对他出手相救。下面要讲的就是这个故事。

苏轼比王安石小16岁，两人同位于"唐宋八大家"之列，文采均有过人之处。苏轼为人却是较为疏狂的，言语之中，喜欢暗含讥讽。王安石任相时，对这些并不在意，所以也没有几个人找苏轼的麻烦。但是，王安石隐退之后，再上台的人就没那么好脾气了。找个机会把苏轼狠狠教训了一把，差点让他丢了性命。因为苏轼的文名太盛，所以，这件案子知名度也很高，那就是"乌台诗案"。

"乌台"即为御史台，因为官署内遍植柏树，常有乌鸦在树上栖息筑巢，所以又称"乌台"。苏轼是因为写诗而被抓，之后关在"乌台"牢狱之中，这件案子就被后世称为"乌台诗案"。

元丰二年（公元1079年）四月，苏轼接到出任湖州知州的任命后，例行公事地写了一封谢表。也就是感谢皇帝的恩情。但是苏轼写着写着，老毛病又犯了，在谢表中说："知其愚不适时，难以追陪新进；察其老不生事，或能牧养小民。"

司马光是变法过程中反对派的代表人物，他在给王安石的信中，曾以"生事"二字来形容王安石等人的变革行为，后来，"生事"就成了反对派们嘲笑变法派的习惯用语。苏轼说自己"老不生事"，显然也是在讥讽变法派们"生事"。"新进"二字，则是苏轼对变法派们一贯的贬称，在他的《上神宗皇帝书》中曾说王安石起用新人是"招来新进勇锐之人，以图一功速成之效"，结果"近来朴拙之人愈少，而巧进之士益多。"

苏轼的谢表送到朝廷，一经公示，立即引来了众人的关注。反对派心中暗笑，变法派怒火中烧。在反对派指着苏轼的谢表不停地窃窃私语时，变法派们终于决定要给苏轼一个好看了。

大道独行 王安石

六月,监察御史里行何正臣上书神宗,指责苏轼用"新进""生事"二语讥讽变法之人,"愚弄朝廷,妄自尊大"。因为变法实际上最高的主持者是神宗皇帝,所以,何正臣的上书倒也不是纯粹诬陷苏轼。神宗听后,虽然也对苏轼有所不满,但这点事还不足以治罪。

正在此时,苏轼的朋友驸马王诜出钱为苏轼出版了《元丰续添苏子瞻学士钱塘集》,里面收集的都是苏轼的诗文,为变法派们搜集证据提供了帮助。舒亶、李定等人翻开诗集一看,里面讥讽变法派、攻击新法的言论还真不是一般的多,刚刚压下去的怒火立马又上来了,这一次众人决定要置苏轼于死地。

先是监察御史里行舒亶上书,弹劾苏轼"包藏祸心,怨望其上,讪渎谩骂,而无复人臣之节",又指责苏轼在诗句中"盖陛下发钱(青苗钱)以本业贫民,则曰'赢得儿童语音好,一年强半在城中';陛下明法以课试郡吏,则曰'读书万卷不读律,致君尧舜知无术';陛下兴水利,则曰'东海若知明主意,应教斥卤变桑田';陛下谨盐禁,则曰'岂是闻韶解忘味,尔来三月食无盐';其他触物即事,应口所言,无一不以讥谤为主。"大凡是新法,几乎没有不被苏轼讥讽的。

随后,国子博士李宜之、御史中丞李定也上书历数苏轼罪状。李定说苏轼汲汲于功名,但却没有受到重用,故而心生不满,讥讪权要。皇上以前对他宽容,苏轼却不知悔改,他的见解虽然浅薄,但是因为诗流传很广,影响恶劣,极不利于新法的推行,请求给予重裁。

神宗觉得也该教训苏轼一下,让他长长记性了,于是降旨，将苏轼交由御史台审理。

元丰二年（公元 1079 年）七月二十八日，太常博士皇甫遵奉命前往湖州押送苏轼回京。苏辙、王诜得到消息后，派人快马加鞭赶往湖州给苏轼送信。皇甫遵到后，苏轼已经得到消息，惊慌失措，政事全委托给一个姓祖的通判，自己躲在后面不敢出来。但是，皇甫遵在外面等着，不出来也不是办法，祖通判就劝苏轼，苏轼又慌乱得不知道是该穿官服还是穿平民衣服了。祖通判说现在还没有宣读圣旨，苏轼仍然是官职在身，还是穿官服为好。苏轼这才战战兢兢地出来。

苏轼首先开口说话："臣知多方开罪朝廷，必属死罪无疑。死不足惜，但请容臣归与家人一别。"

皇甫遵面无表情，淡淡说道："并没有那么严重。"命随从打开公文，宣读上谕，免去苏轼官职，传唤进京，立即起程。苏轼请求与家人作别，苏家人已经把苏轼与人来往的诗文信件烧毁得差不多了，免得被人查出更多不利罪状，留下来的不足三分之一。此时，见了苏轼，以为凶多吉少，相对痛哭。

八月十八日，苏轼被押解到京城，投入御史台狱中。由李定和知谏院张璪负责审讯。没费多大力气，苏轼就一一招供了。除了承认舒亶上面所举的例子外，还供出了与刘攽、王诜、刘述、王巩、司马光等人来往中讥讽时政的言论。例如，在给王巩的信中嘲笑"新进之人"："彼穷人子，既陋且寒，终劳永忧，莫知其贤"，就算有"韩信白起之勇"、"张良陈平之智"也不能使人畏服；在给刘攽的赠别诗中，以"刺舌""灸眉"的典故讽指朝廷不容人说话；写给司马光的

大道独行 王安石

《独乐园》："先生独何事，四方望陶冶，儿童诵君实，走卒知司马。抚掌笑先生，年来效喑哑。"是在为司马光重登相位大造舆论，并希望司马光像以前一样攻击新法，不要沉默不言等等。

值得一提的是，苏轼有一首《王复秀才所居双桧》：

凛然相对敢相欺，直干凌云未要奇。

根到九泉无曲处，世间惟有蛰龙知。

李定据此问苏轼："陛下龙飞在天，你现在却求问地下之蛰龙，用意何在？"

苏轼显然是借指自己没有人理解，但是涉及九五之尊的"龙"，一旦招供，便容易被人指为有不臣之心了，那可是死罪。苏轼也聪明，对道："以前，王丞相曾经游信州，写有《龙泉寺石井诗》一首：'山腰石有千年润，海眼泉无一日干。天下苍生待霖雨，不知龙向此中蟠。'我所求的龙就是这泉中的龙。"

以前的王丞相也就是王安石。苏轼把王安石也拉了进来，李定等人想要以此定他对朝廷有二心，王安石也脱不了干系。

李定把诗交给宰相王珪，王珪又交给了神宗，要神宗来裁断。神宗虽然不喜欢苏轼自作聪明，倒也没有必须要杀他的意思，更不愿使王安石受到牵连，于是说："诗人之词，安可如此论？彼自咏桧，何预朕事？"他咏他的桧，和我有什么关系呢？算是放了苏轼一马。变法派中的章惇此时也帮了苏轼一把，说以前诸葛亮自称卧龙，难道也是有二心吗？这件事也就算了结了。但苏轼还是被关在牢里，太皇太后去世，也没把他大赦出来。可见，神宗对他也是有心惩戒的。

此间，还有一件趣事，苏轼坐牢期间，其长子苏迈每天去给他送饭，父子两人约定，如果没什么事，就送肉，如果发生变故就改送鱼。可是，有一天，苏迈有事走不开，就托一位亲戚送饭，却忘了交代明白。这位亲戚就好心地做了条鱼给苏轼送去。苏轼一见，以为情况有变，吓得六神无主。勉强冷静下来，又不甘心，想要寻求一线生机，于是写了一首诗给苏辙：

圣主如天万物春，小臣愚暗自亡身。
百年未满先偿债，十口无归更累人。
是处青山可埋骨，他年夜雨独伤神。
与君世世为兄弟，更结人间未了因。

后面固然是写兄弟之情，感人至深，但开篇讨好神宗之意一目了然。这首诗最后当然被送到了神宗手里，神宗不置一词。

此时，王安石早已闲居江宁，听闻苏轼之事，不想神宗作出错误判决，于是给神宗写信劝道："哪有圣世而杀名士的啊？"神宗收到王安石的信，这才下定了决心，饶过苏轼，"以公一言决之"。王安石的一句话，才使苏轼得以重见天日。

这件案子的最终结果，十二月二十九日，圣谕下发，苏轼被贬往黄州任团练副使，不准擅离该地，并无权签署公文。驸马王诜因给苏轼报信，并在案件审理过程中拒不交出苏轼的诗文，被削除一切官爵。王诜被发配西北。苏辙被降职，调任高安筠州酒监。张方平等人被罚铜30斤，司马光、范镇等人罚铜20斤。

在判决中，李定和张璪对苏轼进行了毫不留情的批判，指责苏轼"眼空四海，常怀不满""无文不嘲""无诗不讽"

大道独行 王安石

"以讥刺时政为快",不懂得与朝廷配合,也提不出合理的建议,只会"以文字蛊惑人心,徒然坏事",真是"惟恐天下不乱,成事不足,败事有余"。结合苏轼的作为,倒也没有委屈他。

王安石罢相之后,醉心于山水,不再过问政治,这次却因为爱惜苏轼的才华,上书为他讲情,此前此后都是绝无仅有的。王安石待苏轼不可谓不宽厚了,但在王安石去世后,苏轼仍然恶意攻击他,苏轼所为,宁无愧乎!

第六章

晚 年 生 活

息影山林

王安石的晚年生活过得还是比较闲适的。远离了政治的纷争，此时静下心来，徜徉于山林之间，与两三知已游山玩水，讲经论道，或止于道旁，或宿于禅寺，俨然是一个世外高人了。元丰元年（公元1078年），特授开府仪同三司，封舒国公，领集禧观使。三年（公元1080年），授特进，改封荆国公，所以后世常称荆公。

在王安石第二次出任宰相时，就已经为自己的再次归隐做好了准备。他已经深深地知道，这次出来的时间不会太久。神宗已经成熟了，不需要再事事依赖他了。而且他自己的身体每况愈下，也已经不容许他再日夜操劳。最重要的是，王安石该做的事情已经差不多做完，新法都已经相继出

台，余下的只是如何贯彻实施，是守成的问题，神宗一人就可以支撑局面了。

所以，王安石早早地就托江宁的朋友为他购买一块田地，以做终老之计。这块地就在江宁城外白塘，距江宁城7里，距蒋山也是7里，地处入山之半途，所以王安石给它取名为"半山园"。半山园东面不远，就是有名的"谢公墩"，南面有定林寺，附近还有孙权墓、宝公塔等，虽然偏僻，却很适宜隐居。

说起"谢公墩"，倒有一个荆公"争墩"的有趣故事。说起来"谢公墩"也不过是一个地势高一点的土墩，只因为晋朝丞相谢安经常登临此处，故称"谢公墩"。谢安，字安石，与王安石的名相同，王安石也很崇敬谢安的为人。但是，对于"谢公墩"，王安石却不客气了，要把它据为己有。为此，他特意在"谢公墩"处建了个小亭，取名为"半山亭"，如此，"谢公墩"就名正言顺地成了王安石的私人物品。开心之余，王安石写诗一首：

我名公字偶相同，我屋公墩在眼中。
公去我来墩属我，不应墩姓尚随公。

你走了，我来了，这个墩就是我的了，不应该还随着你姓谢了。王安石的可爱之处尽现出来。后人曾笑言"荆公好与人争"，"在朝则与诸公争新法，在野则与谢公争墩"。这也算是一段千古佳话了。

"半山园"与其他人的庄园比起来，实在是太寒酸了，"仅蔽风雨，又不设垣墙，望之如逆旅之舍。"连个院墙都没有，只能算一个荒郊野外的小旅店。有人劝王安石筑院墙，王安石却始终没有同意，在他看来，如今已经很好了。在他的诗词中，多处提及半山园的环境优美。后来，王安石大病一场，神宗派御医前来为他诊病，王安石趁机向神宗请示将"半山园"捐作寺院。神宗同意了，并亲笔赐名"报宁禅寺"，所以"半山园"后来又称为"半山寺"、"报宁禅寺"。捐出"半山园"之后，王安石在城中租了一个院子安居，一生都没再置产业。一个全身而退的宰相，又有皇帝的百般照顾，却甘愿过着如此清贫的生活，自得其乐，荆公的品性不能不令人敬佩！

退居江宁以后，王安石并非无事可做，删定《字说》是他的一项重要工作。以前，在朝中时政务缠身，一直没能定稿，如今总算有时间详细推敲了。对于《字说》，王安石投入了极大精力，想要给后世留下一部经得起品评的文字学著作。《字说》二十四卷，删定之后上呈神宗，神宗当即把它定为学子必读的教材，与《三经新义》并行于世，在当时影响很大，深受好评。可惜的是，后来，反对派们当政，不辨优劣，但凡与王安石相关的尽皆废除，《字说》亦不能幸免。

著作之余，王安石就会走出"半山园"，四处闲逛。出门只骑一头驴。有人因他年事已高，劝他坐轿，王安石回道："岂可以人代畜？"哪怕只是轿夫，王安石也不愿轻贱他们，把他们当牲口使唤。有时候不骑驴了，就会坐一种江州车，自己坐一箱，另一箱就由村人或仆人坐，毫不介意。

钟山是他最常去的地方，累了就去定林寺的禅房里歇息，天晚时才回。出游时，也常常毫无目的，随心适意。有一次，王定国去看望荆公，正遇到荆公骑驴出行，一个仆人牵着驴跟随。王定国就问指使（宋朝官员属下供差遣的低级军

大道独行
王安石

官）相公要去哪里。指使回答说，如果牵驴的仆人在前面走，那就听仆人的，牵到哪儿是哪儿。如果仆人在后面，那就听驴的，驴走到哪儿就是哪儿。什么时候相公想要停了就随时停下来，或是坐在松石上，或是去到农户家里，或是去附近寺院。但有一点，就是随行一定要带着书。有时骑在驴上诵读，有时停下来休息时诵读。每次还用囊装着十几个饼，饿了就吃饼，相公吃完，给牵驴的仆人吃，剩下的就喂驴了。有时候，附近的山野人家献上饮食，也吃，并不客气。

有一年盛夏，提刑官李茂直去看望荆公，在道旁遇到了。荆公下驴，与李茂直坐在路旁讲话，说了很长时间。太阳转西，阳光照射到两人身上。李茂直令随从张伞，但伞只能遮住一个人，阳光全落在了荆公身上，李茂直过意不去，令随从把伞移到荆公头上，荆公说："不须。若使后世做牛，与他日里耕田。"如果后世托生为牛，还要在太阳底下耕田呢。其豁达如此。

荆公晚年喜读佛经，对《维摩诘经》和《楞严经》爱不释手，交往的人中也多是一些不合群的孤高之士，如俞秀老、俞清老、杨德逢、王介等人。

俞秀老，名紫芝，浙江金华人。一生不娶妻，参修佛法，工于诗，"尝作唱道歌十章，极言万事如浮云，世间膏火煎熬可厌，语意高胜。"荆公喜欢他的这些歌，常让身边的人歌唱，也作有与之往来的游戏歌曲。在《诉衷情·和俞秀老》组词中，荆公写道：

其一：

　　常时黄色见眉间。松桂我同攀。

每言天上辛苦，不肯饵金丹。

怜水静，爱云闲。便忘还。

高歌一曲，岩谷迤逦，宛似商山。

其二：

练巾藜杖白云间。有兴即跻攀。

追思往昔如梦，华毂也曾丹。

尘自扰，性长闲。更无还。

达如周召，穷似丘轲，祇个山山。

词中透露出的是一种如闲云野鹤一般寄情山水，看淡世情的心态。

有一天，荆公与俞秀老同到报宁寺，荆公累了，就在禅房小睡，秀老私自骑了王安石的驴去法云寺找宝觉禅师。荆公睡起，等秀老回来之后，假意正色责问他："你作为读书人竟然敢盗骑我的驴！"秀老道歉，说知错了，请求自赎。荆公就罚他作《松声诗》一首。秀老脱口而出，其词极佳，只是山中之人多忘记了。

俞清老，名澹，是俞秀老的弟弟，亦是终身不娶。清老为人滑稽幽默，放荡不羁，精通音律，晚年曾作《渔家傲》等乐府诗数首，山行即歌之。荆公也非常喜欢与他交往。

有一次，俞清老忽然起了出家的念头，对荆公说："我想要出家当和尚，但是没有钱买祠部。"荆公觉得他的想法也不是坏事，就欣然出钱为他在半山寺置办了祠部。清老和荆公约了正式削发出家的日子就回去了，等到了日期，却不见来，又过了几天还是没有消息。好不容易等清老来了，荆公问他原因，清老慢慢地说："我想，当和尚也不

大道独行 王安石

是那么好当的,您所赠的祠部已经送给酒家抵偿旧债了。"荆公听了大笑。

清老最后还是做了和尚,法名紫琳,但却并不受佛门约束,穿僧服却戴儒生冠,喝酒吃肉。经常抱着《字说》跟随在荆公后面,往来于法云寺、定林寺之间,"过八功德水,逍遥游亭之上。"遇到好学的人请教荆公《字说》中的问题,荆公"口讲手画,终席或至千余言",清老就在一旁听。也是一时胜事。黄庭坚还据此特意画了一幅《王荆公骑驴图》,并写文记述。

王介与荆公的关系也很好,两人经常在一起斗诗。荆公曾在驿舍写下两句诗:"茅店沧洲一酒旗,午烟孤起隔林炊。"

王介见到后,瞧不起荆公此联,便在其后续道:"金陵村里王夫子,可是能吟富贵诗。"

荆公知道后,对王介也不屑意,又续了一联:"江晴日暖芦花起,恰似春风柳絮时。"此联以芦花和柳絮来讥讽王介轻狂。

又有一次,两人在一起聊天,荆公随口吟诗一首。王介不服气,"遂和十篇,盛气而诵于荆公",其中有两句:"正直聪明神鬼畏,死时应合作阎罗。"

荆公听罢笑道:"阎罗见缺,可速赴任也。"

王介哭笑不得。

有一个丹阳人陈辅之,荆公也很喜欢。有一天陈辅之到杨骥德家去喝酒,走时写了一首诗送给杨骥德:

　　北山松粉未飘花,日下风轻麦脚斜。
　　身似旧时王谢燕,一年一度到君家。

杨骥德不明白是什么意思,就跑来请教荆公,荆公看后,笑对杨骥德道:"你吃亏了,陈辅之这是'骂君寻常百姓也'"。

原来刘禹锡诗中有"旧时王谢堂前燕,飞入寻常百姓家"一句,现在飞到杨骥德家里去,自然是说杨骥德是寻常百姓了。

元丰七年(公元1084年),被贬至黄州的苏轼改知汝州,途中经过金陵,顺便去看望荆公。荆公得到消息后,提前到江边等候苏轼,苏轼船到后,见到荆公,没有戴帽子就出来了,对荆公一揖,说道:"轼今日敢以野服见大丞相。失礼了!"

荆公笑道:"礼岂为我辈设哉!"

苏轼自认为一时名流,不拘小节,荆公又岂是重视那些俗套的人?

说了一会儿话,苏轼道:"轼固知相公门下用轼不着。"此时,正是王安石的门下弟子们主持朝政,苏轼这话未免有些酸了。

荆公不答,不愿意谈论政治,更不愿插手朝政,只招呼苏轼同游蒋山。

荆公还是比较欣赏苏轼的才气的,两人交游一月有余,荆公劝苏轼不如也在金陵买宅住下,两人做邻居,可以常常在一起游览山水,吟诗作对。苏轼回道:"骑驴渺渺入荒陂,想见先生未病时。劝我试求三亩宅,从公已觉十年迟。"对荆公急流勇退表示了钦佩。后来苏轼并没有在金陵买宅,荆公也并不介意。

大道独行 王安石

永乐兵败

王安石罢相之后，新法在神宗的主持下，仍然在进行，只是对一些地方作了调整。此时，宋朝的国库已经大大地充实起来，"熙宁、元丰年间，中外府库无不充衍，小邑所积钱米，亦不减二十万"，到哲宗即位时，当时府库所积"常平、坊场、免役宽剩钱共五千余万贯"，"谷、帛二千八百余万"，变法收入可供二十年之用。

元丰年间（公元1078年至公元1085年），神宗曾题过一首教育子孙后代的诗：

　　五季失图，严犹孔炽。
　　艺祖造邦，思有惩艾。
　　爰设内府，基以募士。
　　曾孙保之，敢忘厥志？

诗中说明了变法的目的，让子孙不要忘了富国强兵的大业。全诗32个字，神宗以每一个字作为一座库房的名字，建立了32座库房盛放变法所得，统称"元丰库"。后来，这32座都装不下了，又增设了20座，也是据神宗的诗，一字一名：

　　第虔夕惕心，妄意遵遗业。
　　顾予不武姿，何日成戎捷。

除此之外，各地官府县衙还滞留着大量的钱物。神宗把收归朝廷的钱物封在库里，主要目的还是为了他的统一梦想，在第二首诗中体现得尤为明显。终神宗一生，从未忘记过西夏和北辽所带来的耻辱，在变法前期，因为国库太空虚，不具备发动战争的物质基础，所以，神宗听从王安石的意见，变法以"富国"为首要目的，同时推行"保甲法"等提高战斗力的措施，对西夏和北辽则采取和平策略。到元丰年间，神宗一人独裁，"恢复汉唐旧境"的念头时时盘桓在脑海中。

元丰四年（公元1081年），西夏国内发生政变，西夏太后囚禁了国王秉常，并对宋朝进行挑衅。神宗决定发动对西夏的战争。兵分五路，以李宪从熙河路入，种谔于鄜延路入，高遵裕于环庆路入，刘昌祚自泾原路入，王中正出河东路入。以高遵裕与刘昌祚两路合击灵州，王正中与种谔围攻夏州，最后四路合攻兴州，同时请吐蕃渡黄河攻取凉州，以为配合。

五路大军一路急进，势如破竹。攻城略地，直逼灵州城。刘昌祚率部到达灵州城下时，城门尚未关闭，刘昌祚先锋军差一点就要夺门而入了，正在此时，距灵州不足百里的高遵裕派李临等人持军令赶来，说已派王永昌入城招安，有结果前禁止攻城。只此一会儿工夫，城门已经关闭了，坐失最佳时机。刘昌祚想要强攻，又怕被朝廷众人攻击为与高遵裕争功，只好作罢。

最终招降无果，灵州城却再难攻下来了。城防坚固，环以黄河，易守难攻之外，天气苦寒，滴水成冰，宋军士气低落。此时，各路人马之间的问题也都显现出来，军中缺乏攻城之具，高遵裕竟然欲以军法斩杀刘昌祚，经众人苦劝才作

大道独行 王安石

罢,却导致刘昌祚忧愤成疾,所部泾原兵皆愤怒不已。后来,西夏人决黄河水灌宋营,再加上宋军粮草不继,不得不撤退,撤退途中,又被西夏军趁机追杀,损失惨重。

种谔一路克服重重困难,"败夏人于黑水",攻破石堡城。到达夏州索家平时因为无粮溃败撤退。

王中正一路除了拖累前线外,没什么作为。因为王中正指挥无方,混乱不堪,军粮断绝,撤回延州,士卒死亡近2万。

至此,这一场声势浩大,连西夏国内都以为兴州城和灵州城支撑不了多久的战争以宋军无功而返草草结束,不能不令人扼腕叹息。

这次战争,虽然宋军遭受了损失,但毕竟抢夺西夏土地2000多里,也算有所收获,所以,最终的失败并没有打消神宗的兴兵念头。

元丰五年(公元1082年)五月,神宗再次下令出兵攻打西夏,以李宪为统领,种谔为先锋,进军神速。此时,西夏自知到了存亡关头,倾其国力30万精兵抢夺永乐城。此前种谔与神宗商议,先攻银州,取乌延与夏州,把西夏人赖以为生的横山之地囊括,便可以直捣西夏巢穴。神宗认可,令种谔回边关与徐禧等人再次商定。但等到种谔赶回边关时,徐禧已与沈括商量好,不同意先攻银州,而是在永乐周围建了12座城堡。种谔劝谏无效,又无力阻止,愤恨不已。徐禧也劝不动种谔,只好奏请把种谔留守延州,自己带人在沈括的全力支持下建永乐城。

建城期间,西夏来侦探虚实,种谔手下大将曲珍想要追杀,被徐禧制止,任其往来。

九月，永乐城建好，武器粮草充足，但却缺少水源，只得在城外建一水寨。徐禧留曲珍带1万兵守城，自己带大队人马回米脂。徐禧一走，西夏就倾力来攻，徐禧回救。

大将高永亨劝徐禧此处"城小人寡，又无水泉，恐不可守"。徐禧把高永亨绑了起来，留待审查。

不久西夏兵至，尚未布阵，高永亨哥哥高永能请求趁机攻击，徐禧不听，把1万人马列队在城下，等着西夏兵来。西夏兵渡水，曲珍请求在他们渡到一半时出击，徐禧仍然不听，直到西夏骑兵全上了岸，两军才开始对战。

以1万兵抵30万，又坐失种种战机，结果可想而知。宋军败回永乐城，因为山路狭窄，战马一时上不去，损失八千，"将校寇伟、李师古、高世才、夏俨、程博古及使臣十余辈、士卒八百余人尽殁"，西夏兵围永乐城，水寨也成了别人的。

为了争夺水源，宋军发动多次攻击，但均在西夏精兵的全力扼守下失败。曲珍建议绕道夹击西夏兵后方薄弱部分，扰乱敌军心神，或许可以取胜。徐禧不听。

西夏兵逼近永乐城之前，沈括上报朝廷，只说是有敌情，并未引起足够重视。神宗接到军报后，深感不安，批评沈括料敌不当，对方尚未出战，如何肯轻易退去，后面必有大兵。事实果然如此。得到永乐城被围的消息后，神宗急令李宪、张世矩带兵救援，同时令沈括与西夏议和。

但是援兵和粮草被西夏游骑兵阻断，种谔因为怨恨徐禧不听劝告，不肯出兵相救。永乐城的宋军孤军奋战。城中没有水，凿井也打不出水来，士卒渴死者过半，甚至"绞马粪汁饮之"。

曲珍料到不能久持，请求趁士兵尚有力气时突围出去，能逃多少是多少，再次被徐禧拒绝。后来，天降暴雨，西夏兵四面围攻，永乐城陷。

城被攻破之后，双方展开激烈搏斗，永乐城中宋军几乎全军覆没。老将高永能本来可以逃生，却长叹道："高某自幼守边，未曾受挫，如今年已七十，受朝廷大恩，无以为报，这里就是我为国捐躯的地方了。"换上士兵的衣服，与西夏兵激战而死。吐蕃部指挥马贵亦持刀杀死数十人力战而死。徐禧、李舜举、李稷，皆为乱兵所害，只有曲珍等几千人逃回。

永乐城之战，宋军惨败，也断送了神宗毕生的梦想。西夏经此一战，也是伤亡惨重，无力再战，请求议和，两国停战。

有人因永乐之败而全面否定王安石和神宗的强兵之法，但是，永乐之败又岂是变法的问题！国无良将，一些未经过考验的将领要么只会纸上谈兵，要么就是有勇无谋，再要么就是因私愤而置国家大义于不顾……惜哉！痛哉！

黯然辞世

荆公生命中的最后两年是在极度痛苦之中度过的。永乐城兵败之后，神宗遭受沉重打击，身体一天不如一天，两年后病逝。幼子哲宗继位，太皇太后高氏垂帘听政，起用司马光。司马光进行"元祐更化"，把熙宁、元丰年间主持变法的官员全部贬黜,并逐条废除新法,荆公与神宗等人十余年的心血付之东流!

元丰五年(公元1082年)十月,永乐城兵败的消息传到京城,神宗乍闻之下,当即瘫软在轿内,此后便昏迷不醒,只是呓语不断。等到前线详细汇报战况的塘报送到时,神宗强撑着起来,看到战况之激烈、损失之惨重,神宗竟至伏案大哭。悲愤之下,大病一场。

十一月,荆公得到消息,亦是心痛至极,第二天也病倒了。这一病便是一年多,元丰七年五月,神宗得知荆公卧病后,立即派荆公的女婿蔡卞带了御医前来江宁探望。荆公认真问起神宗的身体状况,却听蔡卞说皇上这次大病之后,朝中众臣已经开始考虑立嗣的问题了。

看来神宗的身体已经不容乐观了,可是他才只有37岁啊!荆公不相信神宗会如此短命,他只希望立嗣只是大臣们提前做准备,历史上做了几十年太子的不也大有人在吗?

然而这毕竟只是荆公美好的愿望,元丰八年(公元1085年)三月五日,北宋第六位皇帝赵顼驾崩于福宁殿,年仅38岁,庙号神宗。严格说来,自此以后,才能称呼赵顼为神宗。

神宗的逝世给荆公带来的打击不亚于王雱的死。两人这么多年来相知相交,名为君臣,实则亦师亦友,荆公更像是看待自己的孩子一样对待神宗。放眼历史上还能找出来像他二人这样心无嫌隙的君臣吗?虽然荆公曾多次批评神宗意志不坚定,容易动摇,对他的用人、决断也毫不留情地加以批判,可是,那是求全责备啊!神宗是荆公心目中的明主,是

他甘愿集天下毁谤于一身也要全力助其实现梦想的有志明君。

"富国强兵",那是把两个人的心紧紧地拴在一起的理想啊。为了这个理想,两人共同面对朝堂上的反对之声,齐心协力推动变法,想要成就一番伟业,谁料想大业未成,荆公已老,如今神宗又英年早逝,还有谁来继承神宗的遗志?荆公悲痛之余写下两首挽词:

其一:

> 将圣由天纵,成能与鬼谋。
> 聪明初四达,隽乂尽旁求。
> 一变前无古,三登岁有秋。
> 讴歌归子启,钦念禹功修。

其二:

> 城阙官车转,山林隧路归。
> 苍梧云未远,姑射露先曦。
> 玉暗蛟龙蛰,金寒雁鹜飞。
> 老臣他日泪,湖海想遗衣。

对神宗的聪明才智和变革精神给予了高度评价和肯定,也表达了深深的追悼之情。除了伤心,荆公更多的是对朝堂局势的担忧。此时,他再也无法做到对朝廷之事不闻不问了。继位的赵煦年仅10岁,太皇太后高氏垂帘听政,而高氏对变法的态度荆公又岂能不知?朝中主持变法的人失去了神宗的支持和掌控又能维持多久?荆公似乎已经能够预见他最不想看到的结果了。

果然,消息传来,高氏起用司马光为相了。荆公望天长叹:"司马十二作宰相矣!"司马光久被荆公压制,无可奈何，一旦得势，势必要借机一泄私愤。

事实也正如此，司马光一上台就借为神宗办丧事之机，把一干变法之臣尽皆贬出朝廷，同时起用反对变法之人。下一步便是废除新法。按照礼法要求，"三年无改于父道"，也就是说哲宗继位后，3 年之内都不应该变革神宗定下的法令。但是，司马光说，王安石所出台的法令并不是神宗的本意，而且当时乃是高氏听政，应属"母改子政"，合情合理。

于是，元丰八年（公元 1085 年）七月，罢保甲法。十一月罢方田法。十二月罢市易法、保马法。元祐元年（公元 1086 年）二月，罢青苗法。三月，罢免役法。至此，荆公所推行的新法几乎全部罢去。

家人担心荆公承受不了打击，都不敢在他面前提起这些事。但是，荆公心中又岂能没有猜想？每天在屋中看书，却只见他常常抚床叹息，谁也不知道他是在感叹书中的人与事还是在想别的。

有一天，一个举子从京城回来，前来看望荆公。荆公问他京城最近有什么事情发生。

举子如实答道："最近朝廷有令学子们不得看《字说》。"

荆公沉默良久，才说道："法度可以更改，文字也不能作吗？"

这天晚上，荆公彻夜不眠，在床前走来走去，直到天亮。其胸中不平之气，由此可见。

等到司马光把免役法也废除，重新实施差役法时，荆公再也忍不住，痛声责问道："亦罢至此乎？"为什么丝毫不考虑其存在的优势，只知一味罢除！

荆公对免役法抱着坚定的信心，他坚信免役法即使此时

大道独行 王安石

被司马光废除,也终有一天会恢复。免役法是荆公与神宗商议长达两年才推行的,其间种种细节无不考虑周全。荆公的判断是对的,哲宗亲政后,重新起用变法重臣,熙宁、元丰年间的新法又得以逐步恢复,此后,各朝代也都在实行免役法,并对其进行了发展,直至今日。

然而,在当时,荆公再多的痛心与感慨也与事无补,"不在其位,不谋其政",荆公一再告诫自己不要再插手朝廷之事,所有的郁郁之气全都压在心里。本就多病的荆公经历了神宗驾崩和司马光废除新法的一系列打击,生命渐渐走到了尽头。

在最后的日子里,荆公变得越来越沉默,他总是陷入一个人的深思中,有时眉头紧锁,有时又忽然笑起来。此时的荆公只剩下了回忆。他常常想起自己的年少轻狂,想起儿子和两个女儿,也会想起往来的好友,但是,最多的却是与神宗共同主持变法的那些日子。

神宗即位后首先便想着起用自己,通过韩维让王雱转达意思。第一次见面,便恳切地询问治国之道。以后自己所作的每一项决定,神宗几乎都听从了,以致大臣们都说陛下和王安石就像是一个人一样。想想,自己也有很多时候让神宗很为难,让他在众臣面前没有面子,可是他都承受了。新法推行过程中遭受了那么大的阻力,若没有神宗的全力支持,恐怕一天都进行不下去,以自己的个性,也很难全身而退。

也有争论的时候,有一次,因为一些事情,两人意见不合,自己有些不高兴,说神宗不了解自己,想要辞职去外地。神宗对自己说,自古君臣像我们这样相知的人极少,你不能说我不理解你!你愿意辅佐我,不是为了官也不是为了钱，而是认为自己的才学可以使百姓受到好处，不愿被埋没。而我之所以信任爱卿，就是因为这些啊，想与卿一起尽胸中所学使百姓受到恩泽！我以前什么都不知道，只是想有一番作为，直到卿来了之后，才稍稍开悟，卿虽名为臣子，却是我的老师。不要说辞职的话，只会让外人认为我们感情不和，我们二人又岂是别人能够离间得了的？卿有什么话，别放在心里，尽管说出来。

试问，一个九五之尊、有志有为的帝王，还有谁能对臣子说出这么感人肺腑的话来？帝王的知遇之恩，莫过于此。

神宗始终把自己当做老师一样敬重，对自己的关怀从未减弱。自己偏头痛发作时，神宗命内侍给自己用药，并把宫中秘方传给自己。有一次自己卧病在家，神宗一天之内遣内侍来探望了17次！知道自己清廉如水，御医前来为自己诊病，神宗提前把诊药费都付了，自己过意不去执意要付，神宗一再叮嘱少给一点是个意思就行。

即使自己退居江宁了，神宗也常常派人来看望，每到自己生日时还专程派人送贺礼。有一次，神宗派人来看望，正赶上几个官差因一点口角之争来自己家中捉拿妻弟，特使回去后上报神宗，神宗当即下令把相关的3个官员全部贬出去。

永乐兵败后，神宗自己大病一场，可是一听说自己也病了，马上又派蔡卞来探病。

还记得变法取得成效以及自己坚持起用的王韶收复河湟时神宗开心的样子……可是，那么多激情的、温馨的日子，如今都已成为过眼云烟。神宗曾赐自己一条玉带让留给后人、让子孙们都知道君臣二人的深厚感情。如今，这条玉带

大道独行 王安石

就在自己手里，可是赐玉带的那个人却成了"先帝"。"先帝，先帝"，只这一个"先"字就让人再也止不住悲痛欲绝。

　　　　老年无忻豫，况复病在床。
　　　　汲水置新花，取慰以流芳。
　　　　流芳不须臾，吾亦岂久长。
　　　　新花与故吾，已矣可两忘。

大宋元祐元年（公元1086年）四月六日，忧病交加的荆公在回忆中再次看到了当年意气风发的少年天子，神宗走在前面，回头唤道："卿快来，我们一起努力，共创大业，一展胸中抱负。"荆公笑道："陛下只管走，老臣紧随其后。谤归于我，誉归于上。莫管身后之事，只管坚定地走下去。"

荆公追随神宗永远地去了！终年66岁。

荆公去世之时，正是司马光当政，因为两人是政敌，所以前来吊唁的人很少。荆公素来不重视身外之物，遗言中吩咐不必告知他人，葬礼一切从简。

荆公去后，关于新法的争议依然存在，在新旧两派的斗争中，新法越来越偏离原来的轨道，逐渐演变成政争的工具，也使得荆公蒙受千载诟病。南宋朝廷为了推脱亡国罪责，把责任归咎于蔡京等人，又因为蔡京打的是支持新法和荆公的名义，所以，最终荆公成了导致北宋灭亡的元凶。小说家以荆公为主角编造各种传言来指责荆公，另有一些人敬佩荆公胆识及才学，不甘荆公受此骂名，考证历史，希望还荆公以清白。历史已近千年，争议依然在热烈地进行着。

然而，这一切都与荆公无关了。

"区区岂尽高贤意，独守千秋纸上尘！"